深読みNow 11

高校生からわかる日本経済

なぜ日本はどんどん貧しくなるの？

金子 勝
KANEKO MASARU

かもがわ出版

はじめに

私のつたない講義の後に、わざわざ質問に来てくれた君。ありがとうございました。君がしてくれた質問は難しい問題だったので、うまく答えられなくてごめんなさい。

あの時、君は「先生の話は教科書で教わった内容と少し違っていたけれど、試験で先生の考え方を書いたら点数をもらえますか」といきなり聞いてきました。私は「たぶん取れないと思います」と正直に答えました。君は、「私の話がとてもおもしろい」と思ったので思わず聞いてしまったと言ってくれたのですが、その後に「なぜ点数がとれないのですか」と聞いてきました。世の中にはいろいろな考え方があり、私の言っていることは事実に照らして正しいと確信しているけど、少数派なのです、といった一般的な話をしました。しかし、帰ってからも、私はあの時のことがどうも引っかかってしまい、十分な答えだったのかどうかと考え込んでしまいました。

もう少し私の意見を正直に言ったほうがよかったと反省しています。世の中では、たった一つしか答えがないという問題は実は少ないのです。逆に、これが正しい答えだとしてそれ以外の答えを認めず、違う意見を排除することは危険です、と言いたかったのです。君もガリレオ・ガリレイの話を聞いたことがあるでしょう。ガリレオはそれまでの天動説に対して地動説を唱えて、晩年には終身刑となり牢獄につながれたこともあります。失明してから聞き取りで書いた『新科学対話』は永遠に残る古典的書物になりました。

政治学や経済学は立場によって異なる考え方がたくさんありますが、自然科学でも異なる考え方がせめぎあっているのが当たり前なのです。私はたくさんの代替案を提示しているのですが、そういう積極的提案を意図的に無視して、よく批判ばかりしているという「批判」をいただくことがあります。しかし、そう言って、おかしいと思うことを放置していくと、事態はどんどん悪くなり、やがて取り返しがつかなくなります。いまの日本がそうです。批判が許され、それに真剣に答えていくことが、新しい進歩を生み出すのです。もちろん私はそういった「批判」が苦になっているわけではありません。自然科学でも社会科学でも、新しい考え方は、最初は異端の扱いを受けるのが常だからです。

世の中には複数の考え方があるのが当たり前で、できるだけ民主主義的に議論ができ、事実・

現実に基づいて判断していくことが大事なのです。もちろん人はコロコロ意見を変えてはいけませんが、人間は完全ではありませんから、きちんとした論争や事実に即して、筋道をつけて見解を修正することはありえます。そういう「のりしろ」のある健全な民主主義社会が望ましいと私は思っています。この本は、民主主義的に議論する意味を考えながら、読んでくれたらうれしく思います。

実は、これが、ある高校の先生から生徒に講義をしてくれないかと頼まれた時に起きたことです。考えたら、標準的な教科書とは違う考え方があっても、高校生（できたら中学生も）にも読んで勉強できる本がなかったことに気づきました。この本は、そういう本を作ってみようとしてできた本です。

いまや生成ＡＩによるチャットＧＰＴ（人間と自然に対話するようにできるチャットサービス）ができています。チャットＧＰＴはネット上の情報をたちどころに集め、標準的な「答え」を見つけてくれます。医師国家試験などは簡単に合格する水準に到達できるようになっています。こうなると、たくさんの知識をできるだけ多く記憶することを競い合う従来型の試験制度は、人間の能力を検定する意味を失っていきます。しかも気づかないうちに、みんな同じ考え、答えをする人間ばかりになってしまう危険性があります。ある意味で、みんなが進んで「中世」に逆戻りすることになりかねません。できるだけ簡単な答えのない問いかけ、従来にはない創造的な考え、みんなとは違う意見を思いつく人間が貴重になっていきます。そういうことを考えながら、今ここにある経済問題について、できるだけ考えるきっかけになる本を作っていきたいと思って書きました。読んでみてください。

高校生からわかる日本経済
——なぜ日本はどんどん貧しくなるの？

◆目次◆

はじめに……3

第一章　変化する経済現象を追いかける――13

ある私立高校で話をした経験から……13
教科書の間違いが経済の破綻をもたらす……16
お給料が上がらない国……20
経済成長を経験したことがない……23
前提となる社会の仕組みを考えてみる……26
歴史は不連続に変化する……28
不連続な変化を繰り返す……30
いまは産業や社会の大転換が起きている時代……35

第二章　なぜ実質賃金が下がっているのか――37

実質賃金の継続的低下の異常さ……37

戦後無責任体制と不良債権問題……39
グローバリゼーションと「新自由主義」……42
ロストジェネレーション……45
リーマンショックと東日本大震災……46
アベノミクスは失敗した……48
産業衰退を招いたアベノミクス……52
円圏とドル圏の分断……56

第三章　アベノミクスが日本を壊す──58

泥沼にはまったアベノミクス……58
出口がない〝ねずみ講〟と円安インフレ……62
なぜ泥沼に陥ったのか……65
新型コロナが生み出した予算膨張……68
防衛費倍増のからくり……72
防衛費倍増の財源は不安定なもの……74

予備費を悪用したマネーロンダリング……77
二〇一五年体制で民主主義が壊れていく……79
政治腐敗が日本を覆う……82
マイナス金利を解除したけれど……84
金融緩和の根拠がなくなった……86
「賃金と物価の好循環」は起きているのか……89
「構造的賃上げ」とは何か……90

第四章　なぜ円安バブルが起きたのか――94

生活実感のないバブル……94
経済衰退の下での株価上昇……98
円安と株バブル……100
インフレ課税路線をとる財務省……103
政治的な株価操作……104

バブル崩壊の危険性……109
産業衰退が日本経済を破綻させる……110

第五章　子どもを産める社会にする――115

人口減少は止まらない……115
世代間対立を煽るだけではすまない……117
人口減少は基盤産業を壊す……119
高齢化と地域崩壊……122
「異次元の少子化対策」は思いつき……125
政策効果が疑わしい……128
出生動向調査が示すもの……131
夫婦共稼ぎが当たり前になった……134
教育費の負担軽減を……136

第六章　こんな社会を創りたい　140

もし若者の議会があったら……140
経済成長は悪いことですか……143
エネルギー転換が必要です……145
独占的な企業が暴利をむさぼる……149
情報通信技術の遅れを取り戻す……152
貧しいことは悪いことでしょうか……155
政策が格差や貧困を作る……156
この国に正義はあるのか……160
お金儲けは悪いことでしょうか……163
正義を取り戻すためにやるべきこと……164

あとがき……167

第一章　変化する経済現象を追いかける

◇ある私立高校で話をした経験から

　今から一五年ほど前、リーマンショックというバブル経済がはじけて、二〇〇八年に世界的に不況になった翌年だったでしょうか。ある私立高校の先生から、高校一年生、二年生を集めて何か経済の話をしてもらえないかという依頼をいただきました。主に大学三年生と四年生を相手に講義をしていても、バブル崩壊後の混乱はどうしても既存の経済学の「常識」では十分に説明がつかないので、話が難しくなるのを心配していました。高校生にはどういう話をすればいいのか、少し迷いました。結局、既存の経済学では説明できないことを正直に話し、教科書には書いていないこと、私が当時考えていることをそのまましゃべることにしました。リーマンショック後の不況の時代ですから、バブル経済がなぜ起きるかから話を始めました。

たとえば、高校の「公民」教科書で出てくる市場の仕組みは、市場参加者が財やサービスの対価（価格）を自発的に交換することで成り立っています。そこでは市場参加者が競争をしあうので、需要（量）が供給（量）を上回ると、価格が上昇して、やがて需要は減り供給が増えます。逆に供給が需要を上回ると、価格が下落して、やがて需要が増え供給が減っていきます。こうして需要（量）と供給（量）が釣り合う均衡状態（均衡価格）に達します。まるでニュートンの万有引力のように、市場は価格の自動調節機能を持つと考えられるのです。そう考えると、市場の働きが発揮できるようにすれば、経済はよりよい方向に向かうはずですが、実際にはそうはいきません。

高校の教科書に書かれている、おなじみの需要と供給が釣り合う市場メカニズムの話では、バブルという現象はまったく説明がつかないからです。たとえば、土地の値段が上がると人々が信じると、土地の値段はどんどん上がっていきます。需要が増えると価格が上がりますが、供給が増えて、やがて値段が下がって、需要と供給が釣り合うと教科書は教えます。ところが、バブル経済のもとでは、いったん土地の値段が上がり始めると、もっと値段が上がると、供給側が売り惜しみをしますので、もっと値段が上がっていきます。この異常な価格上昇は、これまで土地の値段は下がったことはないという高度成長期にできた「土地神話」が支えていました。

ところが、金融を引き締めたり、過剰な借金で倒産企業が出たりといったことをきっかけに、いったん値段が下がり始めると、それが止めどなく続くことになります。借金で土地を買った人は早く売らないと、借金が返せなくなります。そして供給側は売り急ぎが起きますが、需要側はもっと下がると買い控えをします。

バブルが崩壊すると、これまた市場メカニズムでは十分な説明がつかないことが起ります。まず借金で株や不動産を買ったけれど、バブルがはじけて株や不動産が暴落して、借金を返せなくなってしまった企業は「不良債権《ふりょうさいけん》」です。次々と不良債権になった企業が潰れると、お金を貸した銀行は貸付が焦《こ》げ付いていきます。

銀行は潰れる企業への貸付が焦げ付くのに備えて貸倒引当金《かしだおれひきあてきん》を積んでおきます。さらに、国際決済銀行（ＢＩＳ）による取り決めで、銀行の安全性を保証するために貸付総額の一定割合を「自己資本」（返済する必要がない自己資金）として積み立てておくことが必要になります。しかし、不良債権が次々潰れると、貸倒引当金が枯渇し、やがて自己資本が足りなくなってきます。すると、銀行は経営危機に陥ってしまいます。

銀行は信用に基づいてできている点で、他の企業とは基本的に違います。銀行は多くの預金者からお金を預かります。銀行はたくさんお金を持っているようですが、こうした預金を利子をとって企業や家計に貸し付けたり、金融資産などに投資したりしないと預金者に利息を支払えません。手元の現金をできるだけ貸し付けたり投資したりしないと稼げないのです。ところが、この銀行は危ないと思われて、預金者たちが預金を一斉に引き出してしまうと、お金が足りなくなって預金を払い戻せなくなってしまいます。いわゆる「取り付け騒動」です。このように銀行の場合、危ない銀行が次々と倒産する連鎖《れんさ》倒産が起きうるのです。それが一般企業の倒産とは違っています。たとえば、時計産業では、A社が潰れても、B社が増産して穴埋めすればすみますが、銀行システムはそうはいきません。銀行が潰れると、預金者は次の危ない銀行の預金を引き出そうとします。バブルが崩壊すると、連鎖倒産の恐れが高まって、銀行システム全体が危機的になるのです。

◇教科書の間違いが経済の破綻をもたらす

バブルが崩壊した時には、銀行システムに対して通常とは違った政策が必要になります。いわゆる「手術」をしないといけないのですが、誰も責任をとらない日本社会の弱点で、そうした手術ができず、経済学の教科書通りの経済政策を続けて失敗してきたのです。

では、一九九〇年代にバブルが崩壊した時に、どのような政策が必要だったのでしょうか。日本では、欧米諸国で行われていた不良債権処理が無視されました。それは、厳格な債権査定（債権の実際の価値を評価する）を行ったうえで不良債権の損失額を正確に見積もり、それに対してきちんと貸倒引当金を積みます。そのために生じる自己資本の不足に対して、それを補うために公的資金を注入するのです。そうすれば、仮に貸付先の企業が倒産しても、貸倒引当金で損失を補填《ほてん》すれば、貸し付けた銀行が経営危機になることはありません。つまり銀行システムの危機を防ぐことができます。そして貸倒引当金をバックにして、時間をかけて不良債権企業をしっかりと再建していくのです。

スウェーデンやフィンランドのような北欧諸国やイギリス・フランスなどでは、銀行を国有化して不良債権を切り離してから、健全部分を残して再民営化する手法がとられました。北欧諸国はこうした教科書に書いていない「手術」を実施することで、経済のV字型改革を達成することができました。

ところが、日本では誰も経営責任をとらず、粉飾会計（会計のごまかし）が横行し、貸し渋りや貸し剥《は》がしが行われ、公的資金をずるずる注入しながら銀行合併が繰り返されました。その間、教科書にある供給サイドを強化すると称して規制緩和政策をするか、需要サイドを強化すると称して、政府はひたすら財政支出を膨らませ、日銀は金利をゼロにしたうえで銀行から大量の国債を買う金融緩和を行うか、いずれかの政策の間を揺れ動くだけでした。こうした間違いはいまだに日本経済の足を引っ張り続けています。今日の日本経済の衰退は、一九九七年の金融危機に対処する「手術」の失敗から始まっています。

正解は教科書には書いてありませんでした。あるとしたら、一〇〇年近く前にあった一九三〇年代の大恐慌で取られてきた「手術」を参考にするしかありませんでした。

問題は、一九九〇年代初めの不動産バブルの崩壊、二〇〇〇年前後のＩＴバブルの崩壊、二〇〇八年のリーマンショック、二〇二一年の中国の不動産バブル崩壊と、ほぼ一〇年おきにバブル崩壊が起きるようになったことです。そのたびに、歴史的に例外とされてきた（教科書に載っていない）不良債権処理策＝「手術」が頻繁に繰り返されるようになりました。

資本主義は明らかに変質しています。一九七一年にドルと金の交換が停止されてから、貨幣は金属貨幣の名残《なご》りが消えて、中央銀行が発行する紙幣という信用貨幣だけが通用する貨幣制度になりました。それ以降、貨幣発行の明確な基準がなくなってきます。二〇〇八年以降のリーマンショックや二〇二〇年以降の新型コロナウイルスの世界的流行に際しては、先進諸国の中央銀行を中心に大量の貨幣供給が行われました。

そのうえに、一九八〇年代以降、金融自由化が進められ、為替取引や金融取引のさまざまな垣根が取り払われ、さまざまな金融商品が作り出され、広い意味でのマネーが大量に作り出されました。加えて、コンピューターの演算能力の飛躍的拡大やスマートフォンの発達、生成AI（言語、映像、音声など多言語モデルに基づいて自動的にテキストを作成する人工知能）の登場で情報通信技術が大きく金融にも及ぶようになっています。その結果、本来リスクを回避するために作り出された金融派生商品（金融デリバティブ）が、かえってリスクを増幅するという皮肉な現象も起きるようになっています。

信用貨幣だけしかない貨幣制度は、戦争中を除けば、資本主義としてはあまり経験のないことです。たくさんのマネーがあふれかえってくると、お金がお金を生み出すようになります。今どきは、働き者だからお金持ちになっているのではありません。お金持ちはお金をたくさん持っているがゆえに、運用できてますますお金持ちになります。その一方、貧しい人はますます貧しくなるようになりました。こうした資本主義の変質は、ひどい格差を生み出すようになっています。そのことは、実体経済中心に組み立てられてきた経済学の教科書では説明できない事態です。

結局、私の私立高校での「講義」は、教科書ではわからないバブル経済がなぜ起きて、どういう問題を引き起こすのかという説明で終わってしまいました。その後、なぜ日本は「失われた三〇年」になったのか、さらにもっと深く資本主義がどう変質したのか、教科書に出ている政策ではなぜ失敗するのかまで、突っ込むことができませんでした。この本でも十分な答えを提供できないかもしれませんが、できるだけ補ってみたいと思っています。

◇お給料が上がらない国

いま観光地へ行くと、外国人観光客ばかりが目立ちます。円安で外国人にとって日本は「安い」国になっているからです。しかも日本はお給料が上がらない国になりました。結局、外国人が来る観光地の施設や宿泊先も、多くの非正規雇用（派遣、契約、アルバイトなど）の方々が雇われて、外国人に一所懸命サービスしています。どんどん貧しい国になっているのです。後で詳しくみますが、いくつかの経済指標を見ても、北海道拓殖銀行《ほっかいどうたくしょくぎんこう》や山一證券《やまいちしょうけん》など大手金融機関が倒産した一九九七年の金融危機が起きて以降、経済成長が止まり、賃金が上がらず、生産年齢人口（一五—六四歳）の働き手が減少している国になりました。前に述べたように、バブル崩壊によって発生した大量の不良債権の処理の仕方が間違っていたからです。しかし、いくら間違っても、誰も責任をとりたくない国ですので、間違った主張はエスカレートするばかりです。

この一〇年間を見ても、アベノミクスという大規模な財政赤字と金融緩和を主張したり、支持したりする人たちが出ました。彼らは、誰も経営責任をとらない無責任体制を支持しており、まったく反省できない人たちです。財政赤字の出し方や金融緩和の量が足りなかったからだと言いますが、肺炎にかかっているのに、かぜ薬を飲んでも効かないからと、かぜ薬を一ビン飲んでしまえと言っているのと同じです。頭が固くて経済学の教科書に間違いはないと信じているがゆえに、かえって間違いをひどくしてしまったのです。

実際、一九九七年以降、日本経済はどんどん衰退しました。一年間に国内で生産された富（付加価値）を示したGDP（国内総生産）を見ると、ついに日本はドイツにも抜かれて世界四位に落ちました。もちろんGDPがそのまま生活の豊かさをあらわすわけではありませんが、かつてはアメリカに次ぐ経済大国になったことを考えると、その凋落《ちょうらく》ぶりはきわ立っています。国民生活がどんどん貧しくなっています。一人あたりGDPを見ると、二〇〇〇年では世界二位だったのですが、二〇一〇年には一八位、二〇二〇年には二四位まで落ちています。そして二〇二三年には三一位となり、ついにイタリアに抜かれてG7の中で最下位になりました。まもなくドル換算《かんさん》で見ても韓国にも抜かれていく可能性が高いと考えられます。

これは為替レートが円安になっている影響もあります。これらのランキングはドルに換算したものですから、円安で円の価値が下がっていけば、日本のGDPも一人あたりGDPもその分だけ下がっていきます。しかし、それを考慮しても日本経済の衰退ははっきりしています。

他の諸国と比べて、お給料が極端《きょくたん》に上がらない国になっているからです。実際に、日本はG7諸国の中で、日本だけは、受け取る現金給与（名目賃金）を消費者物価上昇率で割り引いた実質賃金が下落を続けている特異な国になっています。図1を見ると、二〇一八年から二〇二〇年まで微増しているように見えます。しかし、実質賃金はその後停滞していましたが、二〇二二年四月以降、二四年三月の▲二・五%まで二四ヵ月連続で低下しています。いまも日本経済はどんどん衰退が進んでいます。

同じように、生活保護の受給者数（一ヵ月平均）も一九九七年の金融危機を境にして、増加

図1　G7諸国の実質賃金の動向

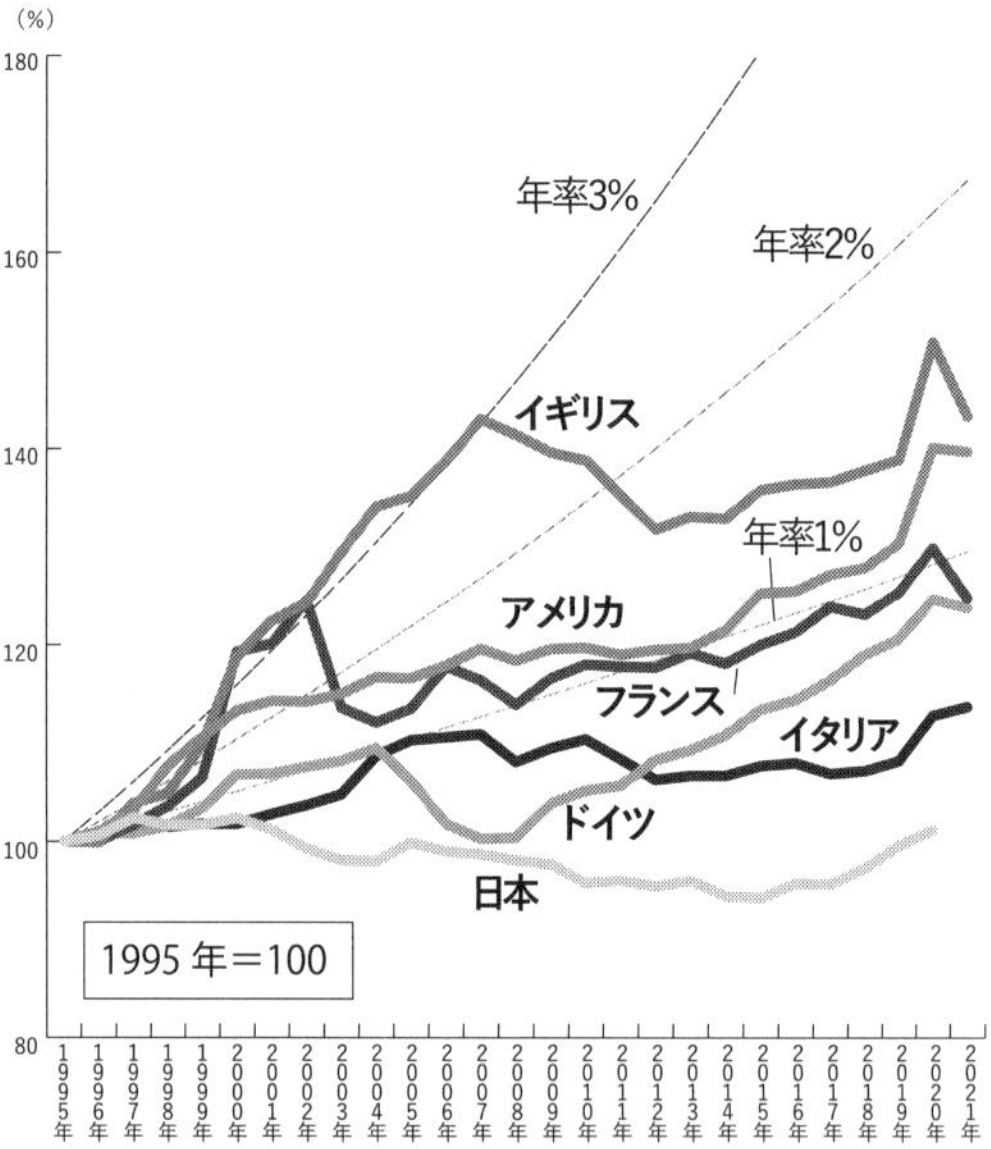

出所：厚生労働省「経済指標の国際比較」
https://www.mhlw.go.jp/stf/newpage_31384.html

傾向をたどっています（図2）。

◇経済成長を経験したことがない

実は、教科書化されている主流的な経済学は、後で述べますが、たえず釣り合った状態である「均衡論《きんこうろん》」を前提としているために、変化する現象、とくに大きく変化する現象を分析することがとても苦手です。経済力がこんなにどんどん衰弱していくのに、今日の経済学者の多くは正面から分析することを課題にしていると私には思えません。

大きな変化を苦手にしていることをわかりやすく考えてみましょう。データ的な裏付けがない主張は「非科学的」と言われます。その際、「実証科学」として用いられるのが統計学です。通常の統計分析では、データが「正規分布《せいきぶんぷ》」を描くように想定

図２　生活保護受給者数（1ヵ月平均）の推移

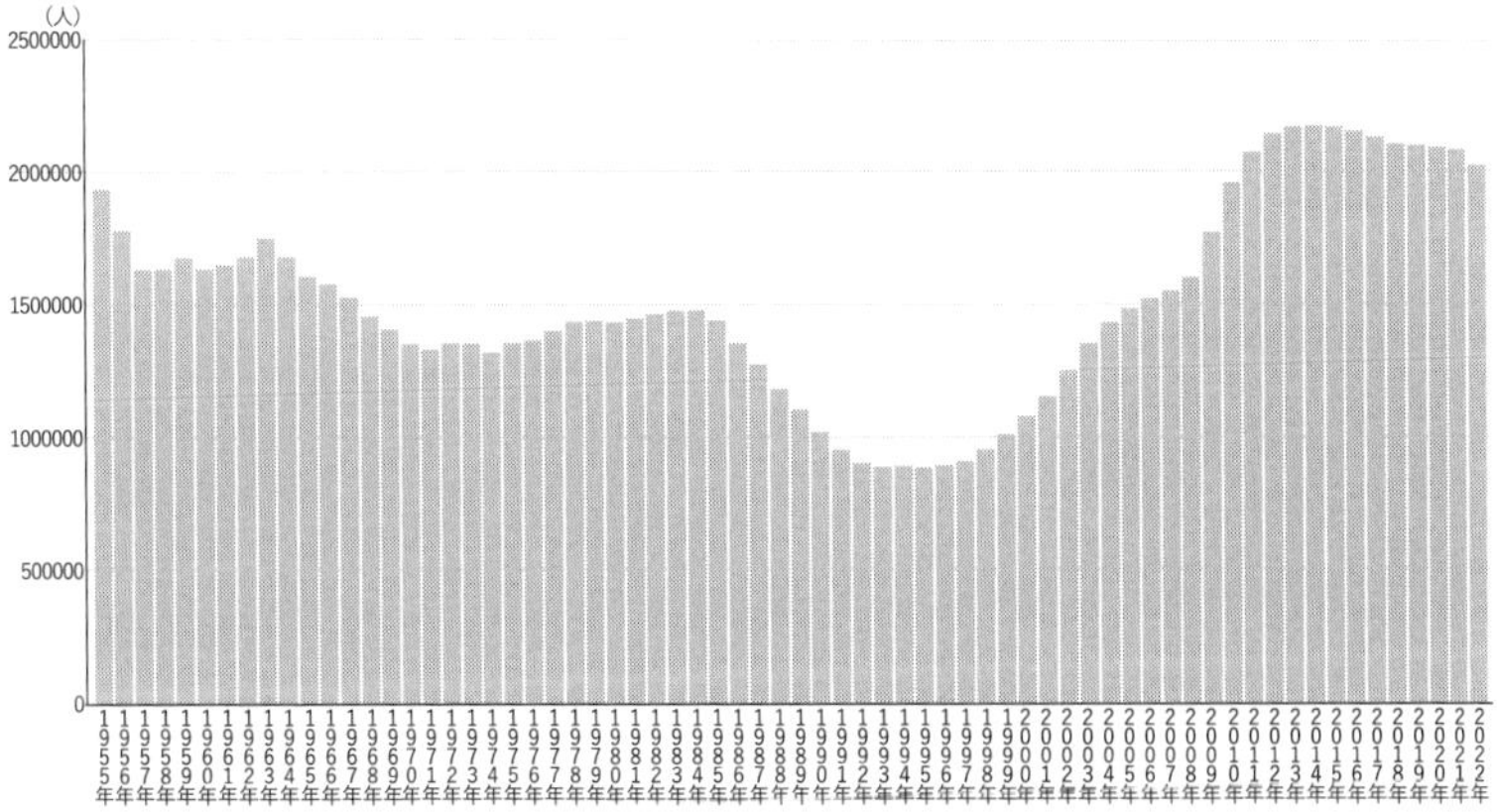

出所：厚生労働省「被保護者調査」より

します。正規分布とは、データが平均値の付近に集まるようにして、左右対称に近いような分布を描くものです。しかし、物事には正規分布を描く事象は必ずしも多くはありません。しかも、変化する事象を分析するのには適していません。

たとえば、急激で大きな変化が起きる時は、「異常事例」が発生します。ところが、通常の統計分析では、端っこの五％以内にある異常事例は「異常値」として分析から省かれてしまいます。「実証科学」の名前で、この異常事例の見逃しを正当化する役割を負うことさえあります。一九八六年のチョルノビリ（チェルノブイリ）原発事故が起きた際、通常一〇〇万人に一人しか発生しない小児甲状腺《こうじょうせん》がんが四〇〇〇人以上発生したにもかかわらず、実証科学的には「証拠がない」として事態が放置されました。ＷＨＯ（世界保健機関）が、原発事故が小児甲状腺がんの原因であることを認めたのは、すべての子どもが成人した後の二〇〇五年でした。後の祭りでした。データがわかりにくかったのは、放射能に汚染された牧草を食べた牛のミルクを飲んだ乳幼児が甲状腺がんにかかったからです。食物連鎖（生物的濃縮）の事例は水俣病でもありましたが、空間線量のデータと患者発生がずれていました。

同じことは、日本の格差論争でも起きました。格差が起きているという論者と、格差は高齢化のせいだとする論者の間で論争が起きました。政府はしばらく後者の立場でした。チョルノビリ原発の時と似ています。問題が発生するメカニズムが大事なのです。しかし、問題をとらえる人間の側も変化していきます。いつしか、問題のとらえ方も解決する政策のあり方も世代間で微妙に変わっていきます。

実際、変化が激しい時代には、世代間の感覚のズレが激しくなります。経済成長を経験したことがある一定の年齢の大人たちは、日本がどんどん貧しくなることを実感できますが、二〇代以下の若い人たちは日本が経済成長をした時代を知りません。生まれた時からずっと経済成長が止まっており、物価が継続的に下落するデフレーションでした。株や不動産の値段が急速に上がるバブル経済も、物価が上昇するインフレーションも、経験したのはごく最近のことです。ある意味で、若い人にとってずっと経済は停滞しているのが当たり前で、どんどん発展しているのは外国の話にすぎないのです。経済成長は人生にいろいろなチャンスをもたらしますから、経済成長が停滞してしまうと、そのチャンスも限られてしまいます。若い人たちが自分の身を守るのに精一杯になるのは当然です。

だからといって、高齢者たちが恵まれているわけではありません。これから死んでいく世代でも、いまや多数の貧困者が生み出されており、無年金か年金が少額なために生きていけなくなっています。とくに高齢者で独居の女性の貧困は深刻になっています。一方、若い世代はそもそもそんな蓄えもなく、生きていかなければなりません。もちろん高齢世代も若年世代も好き好んで経済衰退の道を選んできたわけではありません。誰もが日本経済の停滞の原因を探り当て、それを克服する道を見つけることができれば、たとえそれが大きな困難が伴うとしても、この困難な状況にチャレンジすることで人生を生きる意味を見つけることができるはずです。歴史を振り返れば、幕末から明治維新へと向かう時代、第二次世界大戦に敗北し荒廃した時代はそうした激動の時代でした。今はそれに近い困難な時代だと私は考えています。

したがって本書は次のような問いから始まります――なぜ日本ではこうした経済衰退が生じてしまったのでしょうか。その理由や背景を考え、世代を共通して、それを克服する道を発見することが、この本の目的です。しかし、経済衰退の理由や背景は一つではなく、いくつかが考えられます。と同時に、社会や経済の仕組みをどのように見るかによって、実は問題は違って見えてきます。もっと言うと、教科書で教えられている市場の仕組みを前提にすると、これまで述べたような中長期的に大きな変化がなぜ生じるのかをうまく説明することができません。それは先に述べたようなバブル経済だけではありません。

◇前提となる社会の仕組みを考えてみる

これまで見てきたように、市場は自発的交換に基づいて自動的に調整する力を持っているという考え方はかなり限定的ですが、もう少し深く考えてみましょう。経済学が前提としている社会像とは一体どのようなものなのかを改めて考えなければなりません。

主流の経済学では一人一人の人間の意思や行動を合計すると、社会の意思や行動になるという考え方をとります。「最大多数の最大幸福」を主張した功利主義の考え方が典型です。もちろん、一人一人の人間の意思や行動を合計しても、結果はまったく違ってくるケースはいくつもあります。経済の見通しが暗くなると、一人一人は貯金に励みます。ところが、そうすればするほど、社会全体では消費が減ってかえって経済は悪くなることがあります。これは「合成の誤謬《ごびゅう》」という問題です。

経済学の市場モデルは取引所や卸売《おろしうり》市場のように、対等な人同士がやり取りしている状態を想定しています。実際の経済はさまざまな法制度や政治的社会的な諸制度に取り込まれており、それに縛られて動いています。日常的にも観察できるレベルで、しばしば「国民性」や文化によって人間の考え方や行動も変わってきますが、それは宿命というより、歴史的に形成されてきたさまざまな制度や政策に縛られて行動しているととらえられることもできます。それは、日本の企業のあり方、経営者や労働者の行動、地域経済のコミュニティのあり方、家族や男女の地位役割など、さまざまな面で観察されます。

またこれら諸制度が社会のなかで機能する際にとても重要な要因には、政治制度と民主主義的な決定の度合いと権力（パワー）の存在があります。主流の経済学では、市場において諸個人はあくまでも等質な主体で、対等な取引関係でできていると想定されています。しかし現実には、権力を持つ者が一定の「強制力」をもって意思決定に影響を与えます。経済活動は、国際的な貿易交渉から国内のさまざまな利益政治に至るまで、権力の行使のあり方によって方向性が決まっていきます。

問題はそれだけに限りません。それは、歴史は連続していないということです。

◇歴史は不連続に変化する

自然科学でも、ニュートン力学のような均衡論だけではなく、少し聞き慣れないかもしれませんが、不可逆《ふかぎゃく》な変化をとらえるボルツマンの熱統計力学のような考え方があります。詳しい説明は省きますが、そういう自然現象はたくさんあります。たとえば、水が水蒸気になる。鉄を曲げていくと、ポキッと折れる。蝶《ちょう》は卵で生まれ、幼虫になり、さなぎになって、孵化《ふか》して蝶になります。みな不連続に変化していきます。

自然現象もそうですが、経済現象という複雑なシステムは、繰り返しながら変わっていくことを特徴としています。実際、歴史はしばしば戦争やエネルギー危機やパンデミックやイノベーション（技術革新）によって、一見すると、「カタストロフ」という、それ以前の安定的な構造が崩壊する事態が発生します。〝イノベーション〟という考え方を作り出したヨーゼフ・シュンペーターという有名な経済学者がいますが、彼はこうした「カタストロフ」を「創造的破壊」と呼びました。それは崩壊ではなく、実は次の安定的な構造をもたらします。つまり不安定な循環が重なり「安定的な構造」が壊れ、分岐点を迎え、それを経て、次の「安定的な構造」を生み出すのです。資本主義の歴史はこのように不連続的に変わってきました。

カタストロフにおいては普段、見えている複数の周期性を持つ現象が、最も大きな流れを生み出す周期性に引き込まれていきます。こうした現象を「縮約《しゅくやく》」と呼びます。つまりカタストロフとは、世界の政治経済的な枠組みが大きく変わっていく局所的な変曲点だったのです。この長期波動を「コ

表1　50年周期のコンドラチェフ循環

- ●1780年代：産業革命、アメリカ独立戦争と対仏戦争
- ●1820年代：交通革命、パリ条約、1832年選挙法改正
- ●1873年不況〜：帝国主義の時代へ
- ●1917〜20年：第1次大戦、ロシア革命、スペイン風邪
　→重化学工業化と冷戦体制
- ●1970年代：ニクソンショック、第4次中東戦争、石油ショック
　→変動相場制、G7体制
- ●2020年〜：新型コロナ、ウクライナ侵略、中国不動産バブル崩壊

ンドラチェフ循環」と言います。いま新型コロナウイルスの世界的流行、ロシアのウクライナ侵略、イスラエルのガザ攻撃、中国の不動産バブル崩壊といった大きなできごとが起きていますが、これらは五〇年周期のコンドラチェフ循環という世界史的な大きな変動と考えないと、現在の政治や経済の動きを正確にとらえることはできません。同じことを繰り返す均衡、あるいはゆっくりした変化以外に考えられない通常の主流経済学には、こうした断絶を含んだ大きな変化を理解する視点が欠けています。これでは現実をまったくとらえることはできないのです。

◇不連続な変化を繰り返す

私たちは大きな歴史の変化のなかに生きています。歴史の流れが私たちの運命をしばりながら、ある時はその流れに乗り、ある時はそれに抗《あらが》いながら生きていかなければなりません。いま私たちは、この大きな歴史の流れのなかのどこにいて、どこへ行こうとしているのでしょうか。そのことを考えながら生きることによって、自分は運命に流され翻弄《ほんろう》されるだけの存在ではなく、運命を受け止めながらもより自分の人生を主体的に選びとることができるのです。

いまの日本は歴史の流れに大きく乗り遅れてしまったために、どんどん貧しくなっているのではないのか――そう考えざるをえない事象がたくさん起きています。それを一つ一つ克服していかないと、世の中は良くなっていきません。そのことを考えるために、前提知識として、まずは簡単に資本主義の歴史を振り返ってみましょう。私たちは、大きな歴史の変化の中で生きていることがわかるはずです。

まず産業革命が始まってできた近代資本主義は、一七八〇年前後に始まります。科学技術と産業という点から見ると、一七六九年のジェームズ・ワットが蒸気機関を発明し、一七八五年にカートライトの力織機《りきしょっき》の発明で綿工業が機械制工業になっていきます。まさに、この時期には一七七八～八三年にアメリカ独立戦争、一七九六年からフランス革命とナポレオンとの間で長い英仏戦争が始まります。一七八〇年代から、小ピットによる自由主義行政改革が行われます。

次の五〇年を考えると、一八二〇年代半ばから一八三〇年前後になります。一八一五年のワーテルローの戦いでナポレオンが敗れ、第二次パリ協定によって欧州においてイギリスのライバルは消え、大きな戦争は終結しました。そして一八二五年にジョージ・スティーブンスによって蒸気機関車が実用化されると、交通革命が始まります。こうしてイギリスが世界を支配するパクス・ブリタニカの時代が始まりました。この時代は国内では、人口増加と穀物価格の上昇が起き、急進的議会改革運動が再び生まれ、多くの腐敗《ふはい》選挙区を廃止して産業革命で勃興した新興都市を選挙区にした一八三二年の選挙法改正が実現します。

さらに五〇年たつと、次の転換期が一八七三年からの大不況（Great Depression）によって起きます。世界経済を見ると、フランス、ドイツ、アメリカのキャッチアップが進む一方、新たに鉄鋼業や機械工業などが生まれました。欧州諸国では市場が飽和したこともあって、諸列強による植民地獲得競争という戦争が激化しました。帝国主義の時代が始まったのです。

次の転換期は、一八七三年の大不況の開始からおよそ五〇年近くがたって、資本主義最初の総力戦である第一次世界大戦（一九一四〜一八年）が起きました。この時期には、一九一七年にロシア革命が発生し、第一次大戦末期の一九一八〜一九年にスペイン風邪《かぜ》が世界的に大流行しました。日本では一九一八年七月に米騒動が発生し、翌八月にシベリア出兵が起きました。そして少し遅れる形で日本でもスペイン風邪が大流行しました。

社会不安が広がる時代でしたが、産業的に見ると、電気とガソリン・エンジンというエネルギー転換が起き、重化学工業が興隆する時代がやってきました。同時に、それは資本主義と社会主義が対立する時代の始まりでした。そして、先進諸国内部では、計画経済ではなく社会民主主義制度を前提にして所得の再分配＝平等と人権の尊重を主張する社会民主主義政党が生まれ、政権を担うようになりました。

それから五〇年たって、また次の転換期が起きました。一九七〇年代にニクソンショック、そして二度の石油ショックです。その中折り点で、一九三〇年代の世界大恐慌と一九四〇年代前半で第二次世界大戦が起き、重化学工業と冷戦の時代の主役はアングロサクソンのなかでイギリスからアメリカに交代します。パクス・ブリタニカからパクス・アメリカーナの時代に変わりましたが、ベトナム戦争を契機にしてパクス・アメリカーナも行き詰まりました。

アメリカの双子の赤字（財政赤字と貿易赤字）が恒常化し、一九七一年にニクソンの新経済政策によって、①ドルと金の交換が停止され、②一〇％の輸入課徴金《かちょうきん》を課し、免れるにはドルに対して他国の通貨価値を引き上げさせられ、③三ヵ月の賃金、物価、家賃の統制が実施されました。やがてドル中心のＩＭＦ（国際通貨基金）＝固定相場制が崩壊し、主要先進諸国間では変動相場制に移行しました。金とドルの結びつきが断ち切られました。金属通貨の時代が終焉《しゅうえん》し、中央銀行が発行する信用貨幣＝紙幣による「紙幣本位制」の時代が始まったのです。

一九七三年一〇月に第四次中東戦争が起き、ＯＰＥＣ（石油輸出国機構）の石油会社への石油価格引き上げの要求を契機にして二度の石油ショックが起きました。不況の下で物価上昇していくスタグフレーションがやってきます。先進諸国はＩＥＡ（国際エネルギー機関）を設立して対抗するとともに、軍事・外交から世界的なマクロ経済政策の調整まで先進諸国間で協調するＧ７体制が形成されました。

その後に、アメリカ中心に金融自由化と情報通信技術の革新に基づいてグローバリゼーションが席巻《せっけん》する時代となっていきました。一九七〇年代にIBMやアップルのパーソナルコンピューターが生まれ、七〇年代の終わりくらいにマイクロソフトが誕生します。一九九〇年代にいわゆる民間のプロバイダーが生まれ、その後、スマートフォンが生まれ、SNS（ソーシャル・ネットワーク・システム）の時代になっていきます。

その一方で、金融自由化が世界中で進められます。為替取引も自由になり、資金の国際移動もどんどん自由化されていきます。その結果、世界の景気循環は、バブルとバブルの崩壊を繰り返すようになります。そして格差と分断が再び広がるようになりました。一九八〇年代に重化学工業の時代が終わるとともに、一九八九年にベルリンの壁が崩れ落ち、ソ連・東欧諸国の「社会主義」体制は崩壊して冷戦時代は終焉を迎えました。

金融と情報通信で世界を牛耳《ぎゅうじ》ると思われていたアメリカが、世界を支配し、資本主義体制の勝利、自由と民主主義の勝利がやってきたと思われましたが、二〇〇一年にアメリカ同時多発テロ、二〇〇三年にイラク戦争が起こります。アメリカはイギリスとともに、イラクのフセイン政権が大量破壊兵器を開発し持っているとして証拠もないままに攻撃を始めました。ドイツ、フランス、ロシア、中国が反対するなか、アメリカはユニラテラリズム（単独行動主義）でイラク戦争に突入したために、アメリカ中心の仕組みが壊れ始めました。

◇いまは産業や社会の大転換が起きている時代

一九七〇年代のニクソンショック、石油ショックから約五〇年経過した二〇二〇年前後は、次のコンドラチェフ循環の転換期にあたります。新型コロナウイルスの世界的大流行が起き、二〇二一年には中国の不動産バブルが崩壊し始めました。そして二〇二二年に入ってロシアによるウクライナ侵略が起きました。さらに二〇二三年三月にハマスがイスラエル攻撃を始めたとはいえ、イスラエルのガザ地区への攻撃はジェノサイド（集団殺害）と言いうるような苛烈《かれつ》な攻撃を行っています。

コロナ禍で生産と流通が止まったためにサプライチェーン（供給連鎖）の寸断が起き、さらにロシアによるウクライナ侵略が起きたために、石油・ガスあるいは穀物価格が高騰《こうとう》しました。そしてコロナ禍の下で経済対策として、各国が国債を大規模に購入する金融緩和政策をとったために、大規模な金融緩和が生み出す過剰なおカネが投機マネーとなって、さらに化石燃料《かせきねんりょう》や穀物《こくもつ》価格を急上昇させました。石油ショック後と同じく物価上昇と不況が同時に起きるスタグフレーションのような事態が発生しています。

直近のコンドラチェフ循環のなかで、情報通信、医薬品、エネルギー、電気自動車を中心に大きなイノベーションの波が起きています。世界の政治は、アメリカ、EU、中国の三極がせめぎ合っており、不安定化しているなかで、米中対立を中心に先端技術をめぐって激しく争っています。情報通信産業では生成AIの普及とともに、従来のCPU（コンピュータが演算や制御を行う半導体チップ）から映像を扱えるGPU（画像を扱い計算処理できる半導体チップ）に変わり、クラウド（事業者がデータセンターを持ち、ソフトやアプリケーションを提供する）を運営するグーグル、アマゾン、マイクロソフトなどによる巨大なデータセンター建設が進んでいます。新型コロナワクチンをはじめメッセンジャーRNA医薬品が生まれ、医療はゲノム診断に基づく精密医療に変わっています。

エネルギー転換では、火力発電や原子力発電に代わって、太陽光発電や風力発電のような再生可能エネルギーと蓄電池の急激なコスト削減とともに、IoT（情報通信技術）に基づくスマートグリッド（ITを使って供給側・需要側の双方から電力量をコントロールできる次世代送電網）の普及が起きています。それとともに、自動車が電気自動車（EV）に変わり、モーターと相性がいい自動運転も開発が進んでいます。

しかし残念ながら、いずれの分野でも日本は世界から遅れています。これが貿易赤字をもたらす原因となり、賃金が上がらない一つの背景になっています。

第二章　なぜ実質賃金が下がっているのか

◇実質賃金の継続的低下の異常さ

前章でも書いたように、日本は外国人観光客が数多く来るような国になりました。よく言われるのは、欧米と比べると、マクドナルドのハンバーガーの値段が日本は格段に安いということです。円安が進んだため、日本は「安い」国になりました。しかし、問題は円安が非常に進んだだけではありません。

実は日本ほど賃金が上がらない国はありません。第一章の図1（22頁）が示したように、G7諸国のなかで、日本だけは四分の一世紀にわたって実質賃金（物価上昇率で名目賃金を割り引いた賃金）が下落したままです。それが深刻なのは、図3が示すように、実質賃金が従業員一人あたり付加価値額を示す労働生産性よりずっと下回っていることです。それは、企業が生み出した富（付加価値額）がきちんと従業員に配分されていないことを示しています。

　ではこうした賃金低下はいつ頃から始まったのでしょうか。

　名目賃金を示した図4を見てみましょう。分岐点は、一九九〇年代のバブル崩壊と銀行の不良債権処理の失敗でした。一九九七年の金融危機を境にして、それまで上がっていた名目賃金は減少ないし停滞に転じました。私は二〇〇二年に『長期停滞』（ちくま新書）という本を書いて以来、『日本病　長期衰退のダイナミズム』（児玉龍彦氏との共著）、『平成経済　衰退の本質』『現代カタストロフ論』（児玉龍彦氏との共著、いずれも岩波新書）などを通じて、ずっと日本経済の衰退傾向について警鐘《けいしょう》を鳴らしてきました。

図３　労働生産性と実質賃金

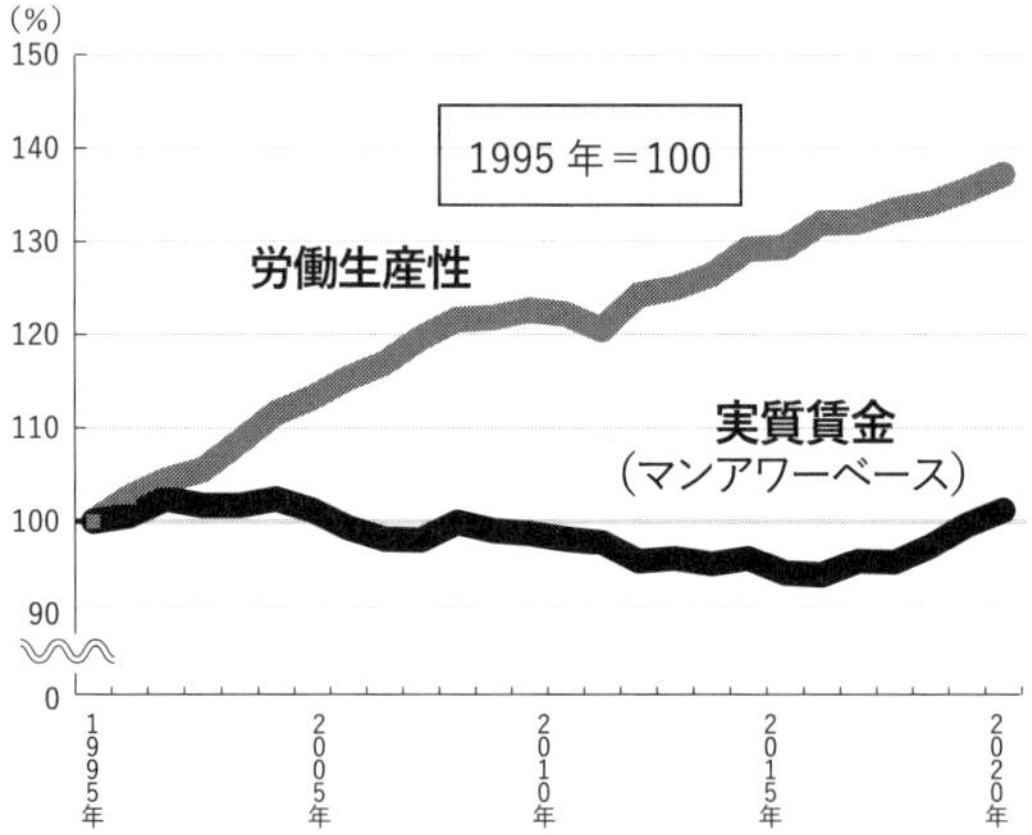

出所：厚生労働省「経済指標の国際比較」
https://www.mhlw.go.jp/stf/newpage_31384.html

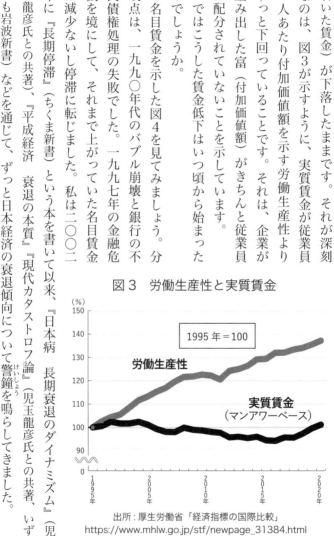

巨額の不良債権処理に失敗して以降、日本経済は衰退を運命づけられていたことは明らかです。そして政府と経営者は不良債権処理の失敗の責任を免れるために、グローバリズムに基づいた「新自由主義」の政策を導入してきました。一九九八年頃から導入された「国際会計基準」や一九九九年の労働者派遣《はけん》法改正などがその典型です。それが非正規雇用《ひせいきこよう》の増加や賃金の低下を招いてきました。

◇戦後無責任体制と不良債権問題

一九九〇年代初めにバブルが崩壊し、一九九七年一一月に北海道拓殖銀行や山一證券などの経営破綻が起き、次々と危ない

図４　日本における名目賃金の推移

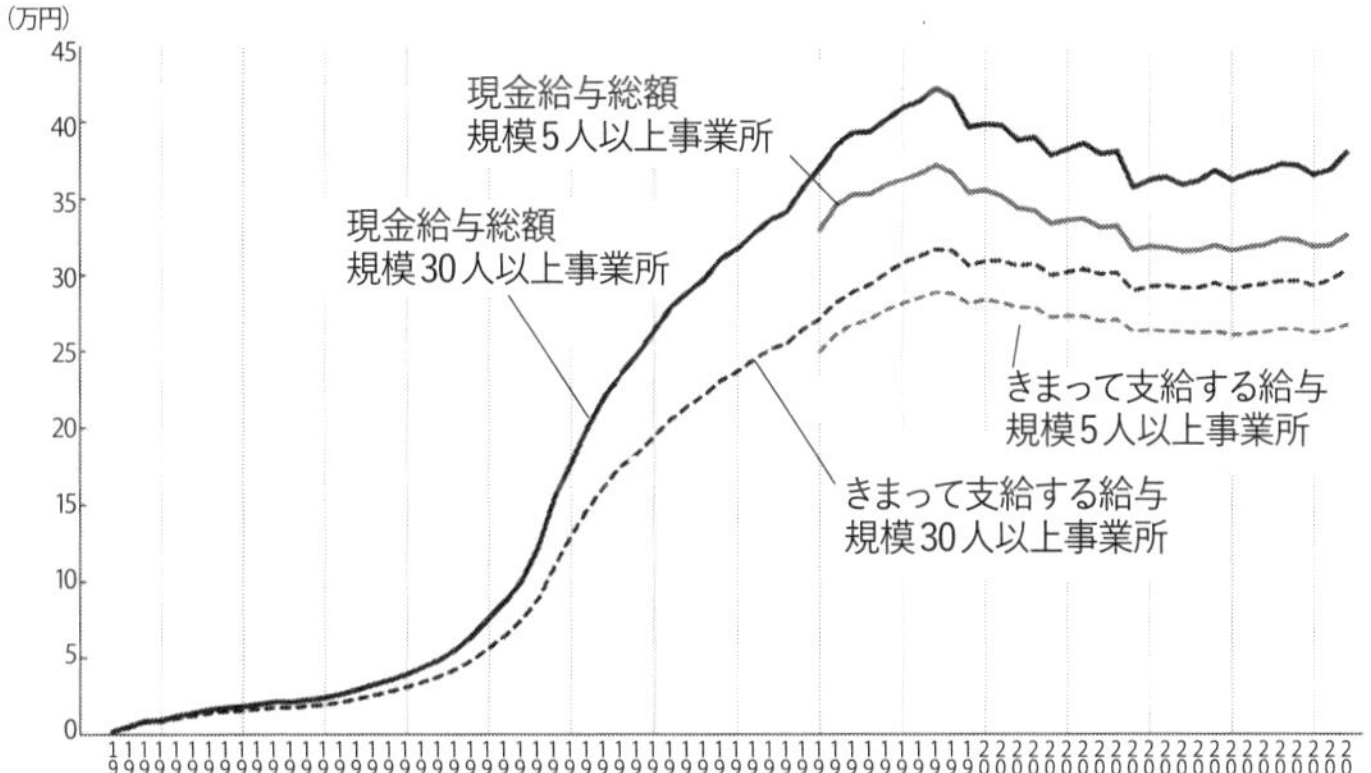

出所：労働政策・研修機構「早わかり　グラフで見る長期労働統計」
（元資料は厚労省「毎月勤労統計調査」）
https://www.jil.go.jp/kokunai/statistics/timeseries/html/g0401.html

銀行や金融機関が破綻しそうになる金融システムの危機が発生しました。前章で述べたように、本来ならば、厳格な債権査定を行ったうえで不良債権に対してきちんと貸倒引当金を積み、そのために生じる自己資本（返済の必要がない自己資金）の不足に対しては公的資金を注入する手術が必要でした。そうすることで、仮に貸付先の企業が倒産しても、貸倒引当金で損失を補《ほ》填《てん》すれば、貸し付けた銀行が経営危機になることはありませんでした。あるいは、欧州で行われていた銀行をいったん国有化して不良債権を切り離してから、健全部分を残して再民営化する手術を実施すべきでした。国有化して不良債権を切り離してしまえば、バブルの崩壊が銀行経営に影響を与えることがなくなります。その一方で、不良債権企業はリストラクチャリング（事業再構築）することで生き残して企業再生させることも可能になります。

ところが、日本では二〇〇二年までに約四八兆円もの公的資金が注入されたにもかかわらず、粉飾決算が横行し、経営者も政府も責任をとりませんでした。公的資金をずるずる注入しながら銀行合併が繰り返されました。銀行は厳格な債権査定をせず、きちんと貸倒引当金を積んでいなかったので、中小企業に対する貸し渋りや貸し剥《は》がしを行っていきました。隠れて資金を回収していくことで、銀行もずるずると不良債権を処理する方式を選びました。政府は法人税を減税し、財政支出を膨らませ、日銀は金利をゼロにしたうえで銀行から大量の国債を買う金融緩和によって円安を誘導して企業利益を膨らませました。

高校生のみなさんには、第二次世界大戦は遠い昔のことかもしれませんが、今も戦争に負けていった日本社会の弱点を克服できていないことが明らかになっているのです。こうした政策の背景にある日本社会の弱点とは、経営者や監督官庁が責任をとらない無責任体質です。

丸山眞男《まるやままさお》という有名な政治学者が、勝ち目のない先の第二次世界大戦に突っ込んでいった日本の無責任体質を問題にしています。あるいは『失敗の本質』（中公文庫）は作戦の失敗を反省しないまま戦力の逐次投入《ちくじとうにゅう》を繰り返した第二次世界大戦中の日本軍の弱点を指摘しましたが、一九九〇年代以降の不良債権処理に失敗した日本社会の弱点にも共通しています。経済成長している間は無責任体質という日本社会の弱点は表面化しませんでしたが、バブルが崩壊すると、その弱点が一気に噴出《ふんしゅつ》したのです。

企業も銀行も経営者が責任をとらず、不適切会計を続けていきました。そして失敗をごまかすために、財政赤字を膨大に出して、日銀が大量の国債を引き受ける景気対策を永遠に続けることになりました。その結果、失敗した経営者を免罪し、すでに古くなった産業や企業を救済するばかりで、新しい産業へと生まれ変わっていく新陳代謝《しんちんたいしゃ》が起きなくなりました。結局、本格的な不良債権処理策をとらなかった結果、北欧諸国のように経済のV字型回復を図ることができず、図5（次頁）が示すように、財政赤字（国債）がどんどん累積するだけで、経済成長が止まってしまいました。二〇一二年一二月に成立した安倍晋三《あべしんぞう》政権がとったアベノミクスと戦争責任を打ち消す歴史修正主義はこの無責任体制の集大成だったのです。

◇グローバリゼーションと「新自由主義」

一部の主流経済学者たちは、政府も経営者も責任を回避するために、日本経済の行き詰まりは、官庁（経済産業省）が業界全体を統制して守る「護送船《ごそうせん》団方式《だんほうしき》」に原因があり、グローバリゼーションに基づいた「規制緩和《きせいかんわ》」が必要だと主張しました。しかし、むき出しの市場競争を促したり、アメリカの制度を都合良くつまみ食いして導入したりするやり方は、かえって状況を悪化させました。

一九九〇年代末には、アメリカ型の「国際会計基準」が導入されました。直接的には、税効果会計や繰越欠損金といった銀行や企業への減税措置の導

図５　GDPと財政赤字

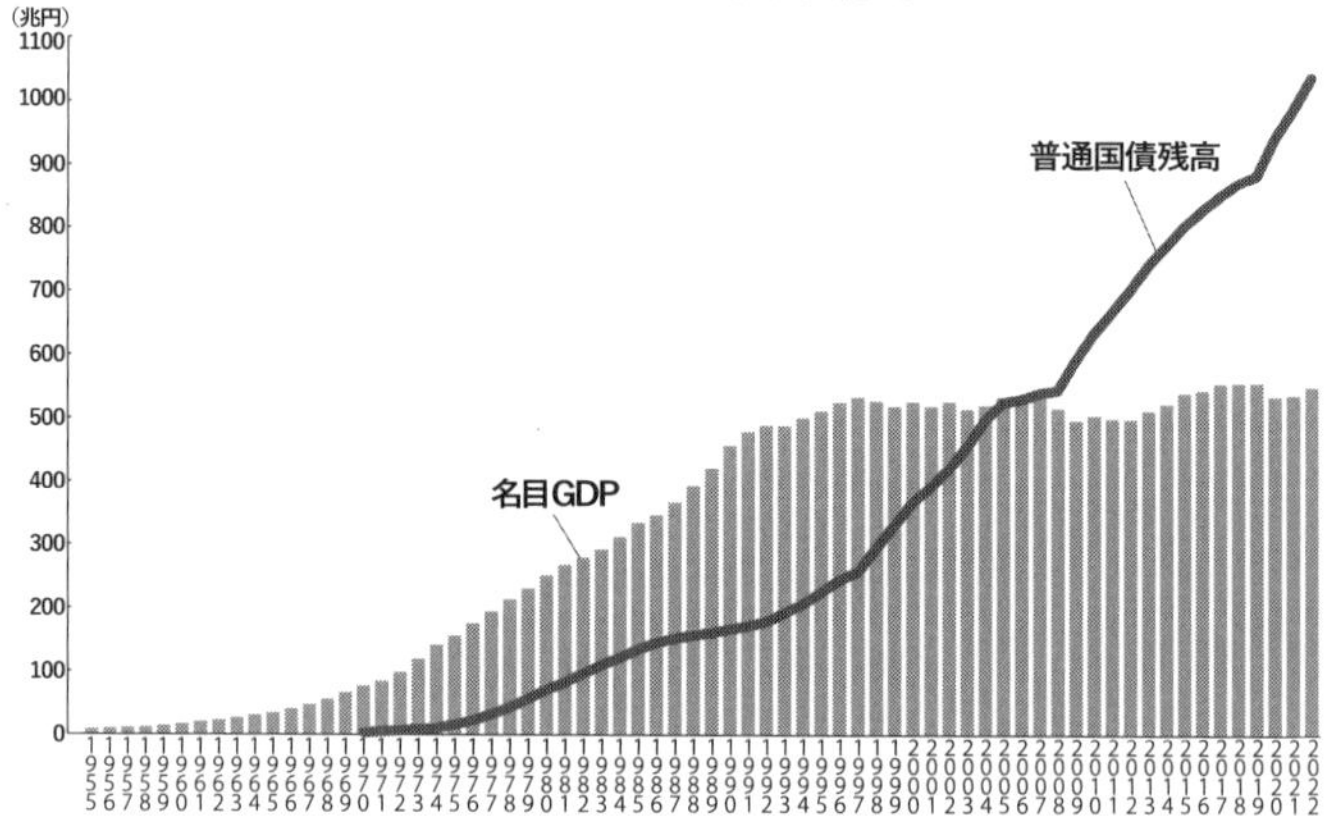

出所：内閣府「国民経済計算」、財務省「普通国債残高の累増」

入・拡大で、不良債権処理の負担を軽減しました。少し難しいですが、税効果会計とは、すでに税金を払って引当金を積んだ場合、実際に不良債権を償却した際に支払う税金（繰延税金資産）が将来戻ってくると見込んで、資本算入を認める会計制度です。不良債権問題で苦しむ銀行で多用されました。また一定期間において、経営が悪化した企業が、赤字として出た「欠損金」を将来に繰り越して、将来に発生した所得（黒字）と相殺することを認める会計制度を繰越欠損金と言います。この繰越欠損金のおかげで、しばらくの間、名だたる大企業や大銀行がほとんど税金を支払わない事態が発生しました。

同時に国際会計基準では、企業買収（M&A）を前提にして企業価値を表示するために、金融資産や不動産の時価表示（その時の市場価格で表示する）を義務づけました。自社の株価総額が高ければ高いほど買収されにくく、相手先企業を買収しやすくなります。そのため、企業は目先のフリーキャッシュフロー（利子率で割り引いた現金収入）を高め、配当を増加させ、自社株買いで一株あたり利益率を向上させることで、株価を上げて企業の株価総額を上昇させるようになったのです。企業は当面の利益だけを追求して設備投資・研究投資や従業員の賃金を増やさず、企業合併を繰り返すようになり、ひたすら内部留保（法人事業統計上の利益剰余金）をため込むようになりました。一九九八年の内部留保は一四三兆円でしたが、二〇二二年度には五五四兆円の巨額に膨らみました。

一見すると、同じような会計制度でも、日本には導入の意図とはまったく違って機能することがあります。グローバリゼーションという名で行われた「改革」がかえって日本経済を悪くしていきました。どういう副作用が起きるかを考えることなく制度を一部だけ切り取って輸入することは気をつけないといけません。血液型が違う血液を輸血すると問題を引き起こすように、他の国でうまくいっているという理由だけで真似をすると間違うことがあるのです。

アメリカでは専門的な経営者が企業横断的に移動するのが当たり前で、同時に株主に対する経営者責任が強く求められる社会です。それに対して、日本では経営者は内部昇進で「仲間内」から選抜される社会です。いったん失敗が始まると、経営者は責任を回避し、曖昧《あいまい》にする傾向があります。昔の「護送船団」と呼ばれる時代は、日本企業はグループ企業同士が株式を持ち合い、互いに外部からの介入を防ぎながら、将来を見据えて他のグループに対抗して他分野に積極的に投資していました。高度成長期であったこともあって、それが新しい分野への進出を可能にしてきました。ところが、バブルが崩壊すると、こうした日本的な方式は否定され、当面の経営パフォーマンスをよく見せるために、将来へ向けた投資で赤字を作るより、当面の株価を維持するために動くようになりました。

◇ロストジェネレーション

結局、バブルに突っ込み、不良債権処理に失敗した経営者たちは失敗のしわ寄せを労働者に押しつけていきました。それは深刻な格差社会を生みました。一九九九年に行われた労働者派遣法改正以降、人材派遣業が解禁され、非正規雇用が急激に増えていきました。そして、いまや非正規雇用が全体の四割近くを占めています。それが絶えず雇用を不安定化させ、継続的な賃下げ圧力を作り出してきました。

労働市場や金融市場や自然環境にはセーフティネット（安全網）が不可欠です。労働市場では解雇や労働に対する保護、最低賃金制度、雇用保険、健康保険制度や老後の年金制度などです。セーフティネットとは、サーカスの綱渡りの下に張ってある安全網を指します。安全網があることで、綱渡りは思い切った演技ができるのです。

しかし日本では、派遣や契約といった非正規雇用は正規雇用と比べてセーフティネットが不十分で非常に不利な立場におかれています。日本では新卒一括採用（高校卒業や大学卒業の時に新規採用が集中する仕組み）が一般的な雇用慣行で、いったん新卒採用から外れると、なかなか就職ができません。金融危機直後には、正社員になりそこねたロストジェネレーション（失われた世代）という一群の若者が産み落とされました。彼らは長く非正規雇用を続けたために、ジョブキャリア（職歴）を積むことができず、ずっと雇用上不安定な立場を強いられました。

非正規雇用は最低賃金制度以外に賃金の歯止めはなく、日本の最低賃金は低いのです。しかも解雇されやすいのです。さらに非正規雇用の年金は、正社員の厚生年金や共済年金と比べて不利な国民年金が多く、非正規雇用の健康保険も、正社員の組合健保や共済組合や協会けんぽなどと比べて不利な国民健康保険（もともとは市町村単位で運営されている自営業者・農業者が加入する健康保険としてできた）が多いのです。こうした不利な立場の非正規雇用が雇用者全体の四割も占めると、それは全体の賃金や雇用を下げる圧力となってくるのです。

◇リーマンショックと東日本大震災

その後、二〇一一年の東京電力の福島第一原発事故でも、経営者や監督官庁の責任逃れが続き、失敗を糊塗《こと》する措置が繰り返されてきました。それが産業や社会の構造転換をどんどん遅らせていきました。そして安倍晋三政権になって、アベノミクスという大規模な金融緩和と財政出動を始め、一〇年近くも続けてきました。

これまで述べたように、経営者と政策当局者たちの「無責任の体系」と「新自由主義」による経済政策の失敗は経済成長を止めてしまいました。実際に図5（42頁）が示すように、一九九七年の金融危機をピークにして名目GDPが停滞する一方で、赤字国債（財政赤字）の累積は止まらなくなってしまいました。

二〇〇〇年代初めの小泉政権期には、ゼロ金利政策を継承し金融緩和による円安をもたらしながら、住宅バブルで活況にあったアメリカなどに対して、自動車産業など既存の輸出産業を中心に輸出を維持しました。それでも、かろうじて低い実質成長率を保つのが精一杯でした。アメリカ中心の住宅バブルが崩壊して二〇〇八年九月にアメリカの大手金融機関が経営破綻するリーマンショックが起きました。そして日本でも民主党への政権交代が起きました。

ところが、政権交代で成立した民主党政権はリーマンショックや福島第一原発事故といった動乱とでも言うべき大事件に直面せざるをえませんでした。欧米諸国が金融危機に陥るなか、リーマンショックの影響が相対的に小さかった日本は円に逃避する資金が流れ込んで円高になりました。その結果、円高を回避するために、日本企業は中国などアジア諸国に進出し、日本経済は空洞化していきました。

加えて、二〇一一年三月に東日本大震災が発生し、福島第一原発事故が起きたのです。一号機、二号機、三号機はメルトダウンし、定期点検中で燃料棒は入っていなかった四号機はメルトダウンを免れたものの水素爆発しました。放射能が飛散し、一六万人近くの人たちが県内外への避難を余儀なくされました。そして二〇二四年に入っても避難者は二万六〇〇〇人を超えています。事故当初はメルトダウンを隠し、五年たつまでメルトダウンのためのマニュアルがあったことが隠されていました。二〇二三年三月末で、原発関連死者数は二三三五人に及びましたが、いまだに東京電力の経営者の経営責任は問われていません。にもかかわらず、安倍政権以降の自公政権は電力大手の地域独占の維持を前提にして原発再稼働をもくろみ、その結果、再生可能エネルギーと蓄電池を軸にしてＩｏＴ（情報通信技術）を使ったスマートグリッドでコントロールするエネルギー転換を妨げています。

民主党政権はリーマンショックと原発事故に直面して危機対応に追われて、選挙時のマニフェストを十分成果を上げられないままに終わりました。その直後の二〇一二年一二月に第二次安倍政権が誕生しました。日銀の金融緩和政策はさらにエスカレートし、黒田東彦《くろだはるひこ》日銀総裁は、二〇一三年四月に「異次元《いじげん》の金融緩和」を導入し、膨大な長期国債の買い入れへと政策方針を転換させることになりました。金融緩和による円安誘導と財政出動で景気をもたせる、いわゆるアベノミクスが始まりました。

◇アベノミクスは失敗した

このあたりになると、高校生のみなさんもだんだんと同時代になってくるので、多少頭の中でイメージがつかめるかもしれません。いまも政府は大規模予算を組み、日銀が財政赤字で出る大量の国債を買って、それを支える政策を続けていることを知っているでしょうか。これをアベノミクスと言います。アベノミクスは、もともとは物価が持続的に下落しているデフレ対策として、物価を上昇させる政策として始まりました。ところが、いまは物価が上昇するインフレになっているのに、同じように政府は大規模予算を組み、日銀が財政赤字で出る大量の国債を買い続けています。しかも、あまりに長く続けたために、出口を失い、抜け出せなくなっています。

この点については次の章でくわしく説明しますが、アベノミクスは「リフレ派」という人たちの「インフレターゲット論」という考え方に基づいていました。彼らは、お金の量を増やせば、それにつれて物の値段も上がるという「貨幣数量説《かへいすうりょうせつ》」という考え方をとります。もちろんお金の量が増えても、お金が出回って物の取引が頻繁になっていかないと物価は上がってきません。

彼らによれば、物価が持続的に下落するデフレがあるために、物の値段が下がるまで消費しようとせず、買い控えをすると考えます。そうだとすれば、物価上昇の期待を高めれば、人々は値上げされるより早く消費をしようとするので、消費を増やすと考えました。そして、中央銀行の日銀が「二年で二％の物価上昇率」を政策目標＝「約束」に掲げて、長期国債をいままでの倍以上買ってお金（マネーサプライ）を増やそうとしました。

ところが、二年たっても二％の物価目標は達成できませんでした。給料や報酬が上がらなければ、ない袖は振れませんので、消費が増えるはずもなく、物価が上がらないからです。そこで、彼らは、アベノミクスはまずは大企業や富裕層を豊かにさせていますが、やがてその利益がしたたり落ちてくるトリクルダウンが起きると言い出します。そして二〇一六年二月にはマイナス金利政策を始めます。日銀が銀行から国債を買い取る金融緩和政策を行うと、日銀の中にある銀行の当座預金に振り込まれますが、この当座預金から手数料を取ることをマイナス金利政策と言います。金融緩和を拡大しても貸出しが増えず、日銀の当座預金に貯まり込むのを防ぐためです。

しかし、銀行経営を悪化させてしまうので、当座預金に対してマイナス金利はほとんど適用されていませんでした。実際には、長期金利の基準となる一〇年満期の国債の利回りをゼロ％にして、それよりも満期が短い国債については、日銀が額面価格より高い価格で買い取ることで、マイナス金利を実現させました。政府は、発行した国債を額面価格より高い価格で買ってくれるので、国債の利払いが必要でなくなるどころか、かえって収入が増えます。

本来、物価目標の達成に失敗した時点で大規模金融緩和を見直すべきでしたが、結局、政府も日銀も失敗を認めずに、一〇年近くも続けてしまいました。達成時期を六回延長したあげく、二〇一八年四月二七日の金融政策決定会合において、ついに達成時期そのものを経済・物価情勢の展望（展望リポート）から削除してしまいました。

そこに、第一章で述べた五〇年周期のコンドラチェフ循環に直面して、二〇二〇年以降は新型コロナウイルスの世界的流行、ロシアのウクライナ侵略、イスラエルの激しいガザ地区侵攻などが起き、化石燃料と穀物の高騰が生じてデフレから一転してインフレに変わりました。日銀が大量の国債（二〇二四年二月末時点でついに六〇〇兆円を超えました）を買い続けた結果、インフレが起きているのに金利を上げられなくなってしまいました。もし金利を上げれば、一〇〇〇兆円を超える国債残高を持つ政府は、国債費の膨張に直面します。金利が上がると、国債価格は下落していきます。そのため、日銀は国債価値の下落に伴って損失（含み損）を抱えてしまいます。銀行に対して五四〇兆円にもなる当座預金への金利を引き上げなければならず、日銀のバランスシートを悪化させる危険性を秘めています。

さらに、金利引き上げは中小企業へのローンや住宅ローンの焦げ付きと倒産を増やします。二〇二二年度末に、すでに政府系金融機関が行った中小零細企業へのゼロゼロ融資（実質無担保無利子の貸付）などの不良債権は約八七〇〇億円と全体の六％になりました。民間金融機関を含めれば、不良債権は二兆円に及ぶ可能性があります。これらの理由があるために、日銀は金利をなかなか引き上げることができず、金融政策の柔軟性《じゅうなんせい》を喪失してしまったのです。そして、いまや政府と日銀が、物価を上げるデフレ対策の枠組みでインフレ対策を行うという支離滅裂な政策に陥っているのです。アベノミクスは完全に破綻したと言えるでしょう。

植田和男日銀総裁は国会答弁でようやくインフレであることを事実上認め、二〇二四年三月一九日に、日銀はマイナス金利を解除しました。しかし、金利の急激な上昇を防ぐためと称して、日銀は大規模金融緩和を継続することを表明しています。日銀はこれまでデフレ脱却と言って大量の国債を買う金融緩和政策を正当化してきました。ところが、これからは防衛費増大に伴う財政赤字を支えるために国債の大量購入を行うので、露骨な財政ファイナンス（資金を融通する）となります。そして岸田文雄政権が赤字国債依存で大型補正予算を組み、植田総裁の下で日銀が国債を買い支え続けますので、円安インフレが止まらなくなっています。少なくともＦＲＢ（アメリカの中央銀行である連邦準備制度）が利下げに転じないかぎり、それが続きます。

◇産業衰退を招いたアベノミクス

アベノミクスのもう一つの大きな問題は、財政出動と大規模金融緩和を続けるだけで、かえって産業衰退を加速させ、貿易赤字が定着していったことです。この事実は、君たち若い世代にとってとても深刻な問題です。君たちが就職する頃、あるいは企業に勤めて働くころに、日本企業の国際競争力が完全にもたなくなってしまう危険性が顕在化《けんざいか》するかもしれないからです。

図6を見てみましょう。二〇〇八年のリーマンショック、二〇一一年の東日本大震災をきっかけに貿易赤字が定着してきました。コロナ禍の二〇二二年（二〇二二年一月～一二月）の貿易赤字は一九・九兆円と深刻で、年度ベース（二〇二二年四月～二三年三月）では二一・七兆円に膨らみました。そのうちエネルギー転換の遅れで、化石燃料の輸入が三五・一兆円に膨張しました。デジタル赤字は四・七兆円、医薬品赤字も四・六兆円に増えました。

日本の貿易収支で大きく輸出に貢献しているのは自動車です。いわゆる自動車一本足打法ですが、電気自動車では中国のＢＹＤやアメリカのテスラに遅れをとっています。三年後に電気自動車化や自動運転でトヨタやホンダが本格的に販売を開始しますが、

図6　貿易収支の推移

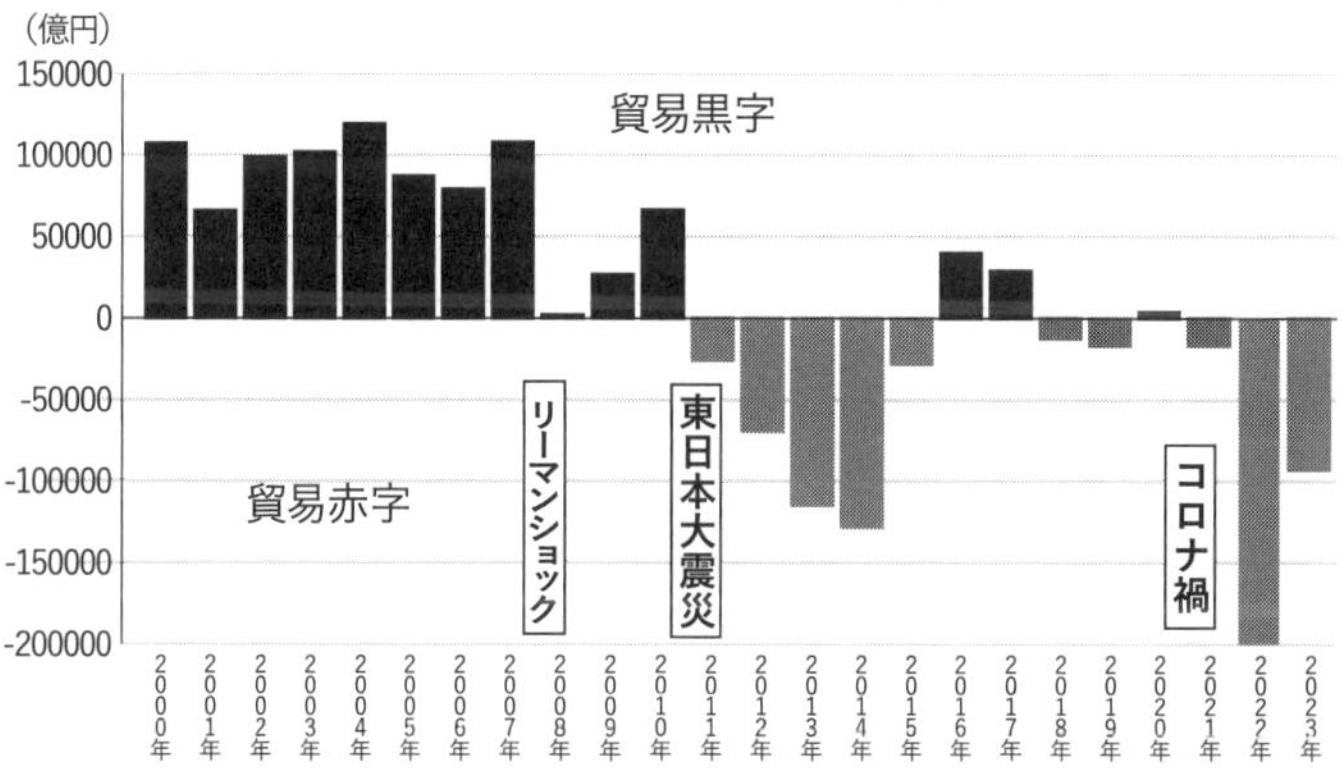

出所：財務省「貿易統計」

そこで負けると、日本の貿易赤字は完全に定着してしまうでしょう。

　思い起こしてみれば、大きな液晶のテレビが売れ行きが良いからと、大型工場を建設したシャープの亀山工場は、その後に時代遅れになって失敗していきました。かつて液晶技術ではパイオニア的にリードしてきたシャープは結局、台湾の鴻海《ホンファイ》に買収されていきました。そして二〇二四年九月に堺工場を閉鎖し、テレビの大型液晶事業から撤退しました。こうした事例はいつでも起こりうるのです。かつて日本は、先端的な工業製品を輸出して外貨を稼ぎ、原材料や

図７　低迷する日本の潜在成長率（日銀）

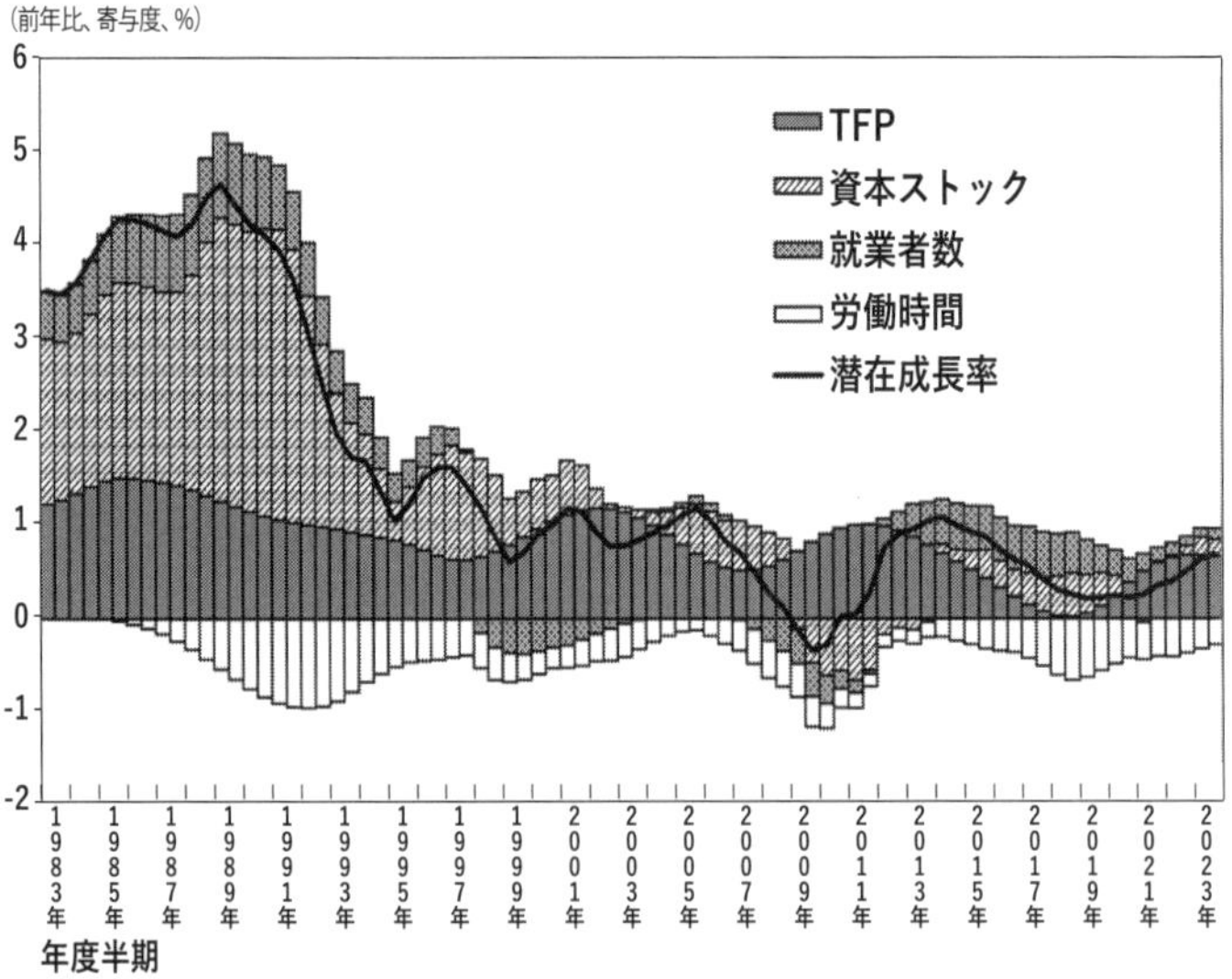

出所：日銀「需給ギャップと潜在成長率」2024 年 1 月 9 日
https://www.boj.or.jp/research/research_data/gap/gap.pdf

食料を輸入する「加工貿易」国と言われましたが、もはやその「常識」も通用しなくなりつつあります。

図7で示す日銀自身の「需給ギャップと潜在成長率」を見てみましょう。大規模金融緩和を始めた当初の二〇一三年に潜在成長率は一時的に一％を上回りましたが、その後は一％を下回る状態が続き、二〇二三年の第三四半期でも〇・七一％にとどまっています。より具体的な産業レベルに降りて見てみると、「無責任の体系」と「新自由主義」の下で、無能な政策当局者と経営者たちは産業戦略の失敗を重ね、とりわけ情報通信、ＲＮＡ医薬品、エネルギー転換（再生可能エネルギーと蓄電池）、電気自動車（ＥＶ）と自動運転といった先端産業分野で深刻な遅れを示しています。

こうした状況が続くなかで、インフレ下でもアベノミクスを続けているのは、円安をもたらすことで、産業衰退が進む日本の大企業をぼろ儲けさせるためです。たとえば、一ドル＝一二〇円の下で一ドルのものを輸出すると、円建てで手に入る収入は一二〇円です。それが、一ドル＝一五〇円になると、一ドルのものを輸出すると、円建てで手に入る収入は一五〇円となり、濡れ手で粟で三〇円もよぶんに儲かるのです。しかし、それで日本企業の国際競争力が急に復活することではなく、また日本経済全体が潤うわけではありません。

◇円圏とドル圏の分断

アベノミクスの問題は産業衰退だけではありません。それは、円安インフレが大企業と中小企業や農業者の間、労働者の間に分断を広げていることです。円安は輸出大企業に膨大な利益をもたらします。二〇二三年春闘では、大企業を含む「連合」集計は賃上げ率三・五八％でした。しかし労働組合の組織率は一六・五％にすぎません。

その一方で、国内中小企業は、雇用の約七割を占めていますが、円安によって輸入原材料の価格が高騰するので経営を圧迫されています。厚労省の集計（毎月勤労統計調査）では、中小企業の平均賃上げ率は二・一％で大企業の賃上げ率より大幅に下回っていました。本来は同一労働価値同一賃金（性別、人種、雇用形態にかかわらず、同じ仕事あるいは同じ価値の仕事をしている人は同じ賃金を受けなければならないという考え方）を実現しなければいけないのに、非正規雇用者はようやく時給一〇〇〇円を超えるのが精一杯です。大企業中心の賃上げ率を見て、メディアは大幅賃上げが実現したと大キャンペーンをはりましたが、結局、二〇二四年の実質賃金は▲二・五％でした。その後も、二〇二四年三月の実質賃金は▲二・五％で、二四ヵ月連続で下落していきました。

問題は、円安インフレが労働者間に分断を広げていることです。〈ドル圏〉で取引をしている大企業は円安で膨大な利益を上げています。たとえ輸出量が伸びなくても円安効果だけで収益が増えていきます。これに対して〈円圏〉で取引をしている国内中小零業は、輸入原材料の高騰によって経営が圧迫されています。輸入価格が上昇してコストがアップしても、賃金の伸びが追いつけないので、なかなか価格に転嫁できません。多くの下請け企業は大企業から納入価格を上げてもらえず、買いたたかれています。

こうした状況の下、二〇二四年の「春闘」で連合の初回集計で五・二八％と、昨年以上の大幅賃上げだと、メディアは再び大キャンペーンを行っています。その一方で、相変わらず中小零細企業には大きく波及しません。さらに低賃金で人材不足に悩まされている訪問介護事業者に対して、介護報酬はマイナス改定になりました。社会全体で見た賃上げ率の格差を是正できなければ、いつまでたっても実質賃金の継続的低下を変えられないでしょう。

そのためには、同じ職場内で雇用的地位の違いだけで同一労働価値同一賃金が実現されていない状況を克服することが第一歩になります。正規雇用と派遣・契約などの非正規雇用との間で生じている差別を縮小・解消するうえで労働組合の役割は大きいですが、自民党政権の労働政策にはそうした視点がまったく欠けています。この点については第三章の最後に再述するつもりです。

第三章　アベノミクスが日本を壊す

◇泥沼にはまったアベノミクス

今回は、アベノミクスという間違った政策はいかにツケが大きく、いかに変えるのが難しいかについて、しゃべらないといけません。正直言って、高校生の君たちに、今この瞬間にも、国が間違った道に向かい始めているという話をするのは難しいことです。人類はしばしば間違った道を選び、それを引き戻すのに大きなエネルギーを注いできました。戦争やファシズムはその最たるものです。しかし、何が正しいかはあくまでも民主主義的な議論を通じて、歴史が判断することです。

とはいえ、おもしろいもので、間違った政策を推し進めようとする者たちは、自分たちが間違ったことをしていることをわかっているものです。だから、その主張を通すために、世の中から自分たちを批判する者たちを排除しようとします。そして民主主義的な諸制度を壊そうとします。その時点で方向性を正さないと、間違いは途方もなく拡大していきます。

安倍政権が戦争責任はないのだ、と言い続ける裏には、軍事大国化を目指す考え方が見え隠れしています。そして戦争に突っ込んでいった時代の真似をし始めました。そして岸田文雄政権が安倍政権の路線を引き継いで、アメリカ軍と自衛隊の一体化を進めており、軍事大国化の流れは止まっていません。

思い出してみましょう。安倍政権は発足当初から、本来、中立的な立場を尊重すべき日銀総裁やNHK会長や内閣法制局長官に「お友だち」を選んで就任させました。さらに、二〇一四年五月に内閣人事局を発足させ、部長や審議官《しんぎかん》級以上の約六〇〇名もの人事を一手に握るようになりました。その結果、官僚たちは自民党の政治家たちに尻尾を振る「忖度《そんたく》」官僚ばかりになってしまいました。

また安倍政権の下で、高市早苗総務大臣（当時）は電波停止をちらつかせてテレビメディアへの介入も強めていきました。その結果、政権を批判する人たちが画面から消えていきました。日本学術会議（内閣総理大臣の所轄の下、政府から独立し、約八七万人の科学者を内外に代表する特別機関）の六名を任命拒否し、軍事研究に協力しない科学者たちを排除するように動きました。こうして政権に対する批判を封じることが続き、どんどん政策の軌道を修正することが困難になってきました。

第一章で述べたように、日銀は二〇一三年四月に、インフレターゲット論に基づいて、「二年で二％の物価上昇率」を政策目標に掲げて大規模金融緩和を行ってきましたが、長い間、物価目標を達成できず、デフレ脱却の目標達成を延期し続けてきました。そして、ついに二〇一八年四月二七日の金融政策決定会合において、達成時期そのものを経済・物価情勢の展望（展望リポート）から削除してしまいました。

そのうちにＭＭＴ（現代貨幣理論）という考え方が出てきて、財政支出の拡大とともに大規模な金融緩和を正当化し始めます。このＭＭＴは、不況期に財政赤字を出して不安定就業（臨時雇用）にある青年を雇用するＪＧＰ（ジョブ・ギャランティ・プログラム：雇用保障事業）を行い、物価上昇率が二％になったら企業課税を行うという考え方です。二年で二％の物価目標に達した時点で政策を転換すべきでしたが、ＭＭＴが新たに登場し、大規模財政出動と金融緩和を継続させることを正当化します。アベノミクスでも同じ無責任体制が続いています。

二〇二〇年になって新型コロナウイルスの世界的流行が起き、二〇二二年にロシアがウクライナを侵略したことをきっかけに、物価が上昇するインフレーションに転換しました。その後、二年近くも消費者物価上昇率が二％を超えているのですから、リフレ派のインフレターゲット論（日銀が物価目標を約束して、金融緩和政策を実行する政策）の本来の主張に従えば、金融緩和政策は止めるべきです。同じくＭＭＴならば、消費者物価上昇率が二％を超えているのですから企業中心に増税に転じるべきです。消費者物価上昇率が落ちて不況になるなら、再び財政を拡大し、金利を引き下げるなどして金融緩和を行えばよいだけです。ところが、日銀は金利を引き上げたり金融緩和を止めたりできなくなってしまいました。アベノミクスは日銀にあまりに大量の国債を買わせてしまい、日銀の金融政策の柔軟性を奪ってしまったのです。

一〇年近くも大量に国債を買う大規模金融緩和を続けたために、中央銀行の日銀が保有する資産（国債や株式など）が異常に膨らんで出口を失い、売るに売れなくなっているのです。大量の国債を抱えているために、金利を上げれば、政府は国債費（国債の元利支払い費用）が膨らんでしまい、日銀は国債価格が下がって含み損（表に出ない帳簿上の損失）を抱えてしまいます。日銀が抱えているＥＴＦ（指数連動型上場投資信託）を売れば、株価下落を誘発してしまいます。日銀は金利も上げられず、抱えている国債や株式も売れません。その結果、物価を上昇させるデフレ対策としてのアベノミクスから抜け出せずに、物価を上昇させるデフレ対策のまま、物価上昇を抑えるインフレ対策をするという支離滅裂《しりめつれつ》に陥ってしまったのです。

◇出口がない〝ねずみ講〟と円安インフレ

図8は、二〇二三年九月末の国債保有者の内訳を示しています。日銀は「異次元の金融緩和」を続けたために、国債残高のうち半分を超える五三・九％を占める最大の買い手になっています。二〇二四年二月末には日銀の国債保有額は六〇〇兆円を超えました。その一方で、銀行などの国債保有比率は落ちてきています。二〇一七年九月末で二〇・三％を占めていましたが、二三年九月末には一〇・八％に半減しています。日本の国債市場は、日銀が国債の大半を抱えて、国債は流動性を失い、麻痺状態に陥っています。

図9を見ればわかるように、欧米諸国の中央銀行の政策金利は時々の経済状況に応じて動い

図８　国債の所有者別内訳（2023 年９月末）

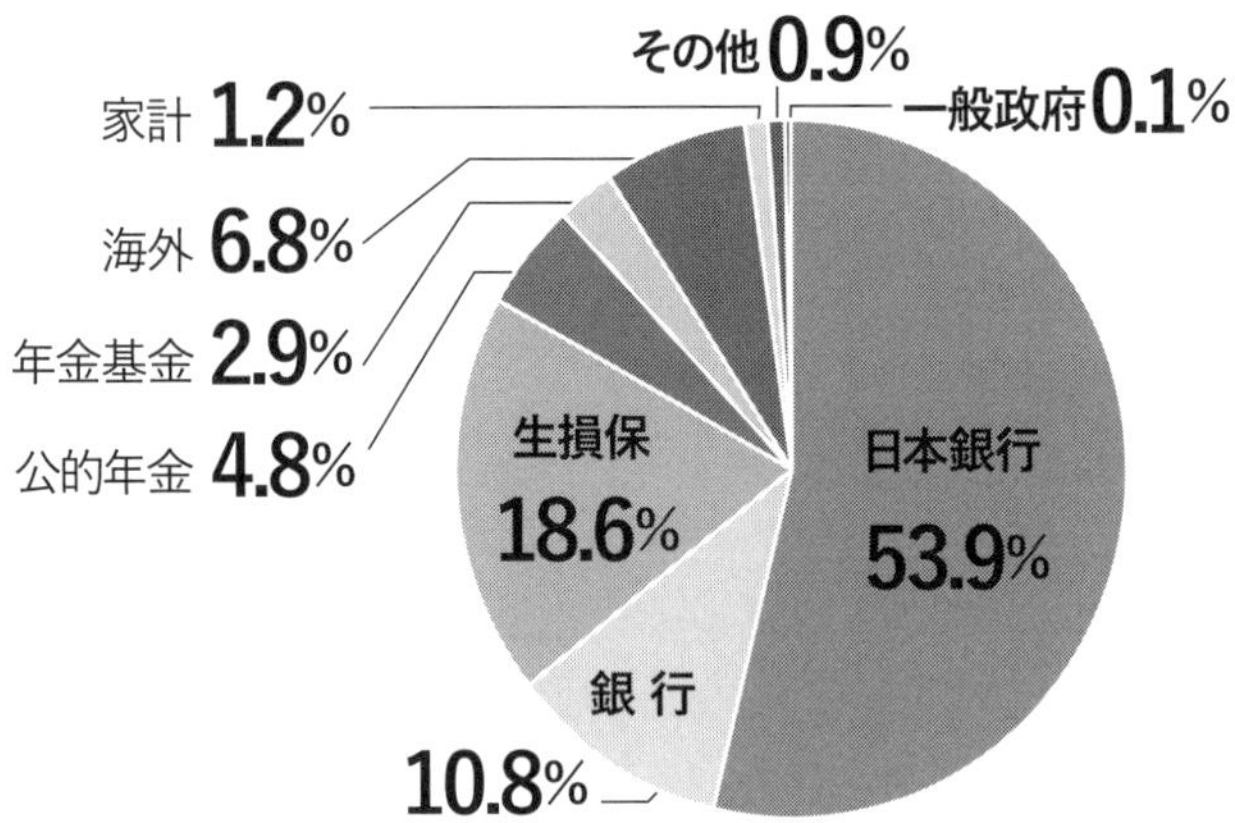

出所：日本銀行「資金循環統計」より

ているのに対して、日本だけがゼロ金利政策（二〇一六年以降はマイナス金利政策）が長引いて、日銀の政策金利はずっと底に張り付いたままです。その後、リーマンショックあるいは新型コロナウイルスの世界的流行とともに、アメリカの中央銀行のＦＲＢ（連邦準備制度）もＥＵの中央銀行のＥＣＢ（欧州中央銀行）もゼロ金利に陥っていきましたが、ここのところのインフレの昂進《こうしん》に応じて急速に金利を上昇させています。

　前に述べたように、一九九〇年代の不良債権処理において、経営者や監督官庁の責任を問えないまま、ひたすら財政赤字を膨張させ続け、国債を買い続けたために金融市場を麻痺させていったのです。その結果、アメリカのＦＲＢがゼロ金利から抜け出すなかで、日

図９　日米欧の政策金利の推移

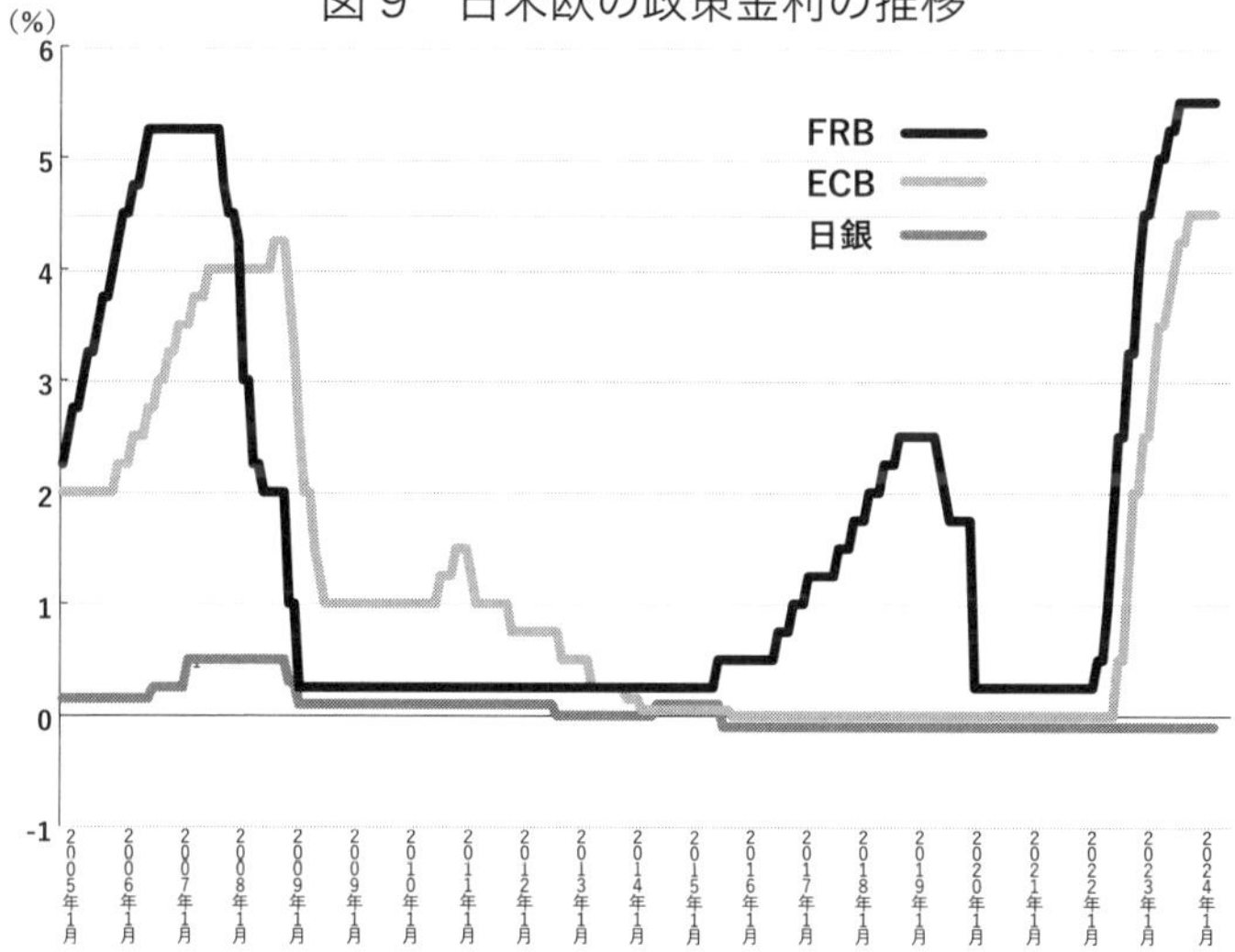

銀の政策金利は泥沼のようにずっとゼロパーセントに張り付いているために、日米の金利差は大きく開いてしまったのです。

おカネは金利が低い所から金利の高いほうに流れる傾向があります。そのほうが儲かるからです。円を売ってドルを買うので、円は安く、ドルは高くなります。実際、二〇二四年四月末には、円はついに一ドル＝一六〇円に達しました。円安は輸出する企業に利益をもたらします。繰り返し述べたように、一ドル＝一二〇円が一ドル＝一五〇円の円安になった場合、一ドルのものを輸出すると、儲けが一二〇円から一五〇円に膨らみます。逆に、原材料を輸入する企業は不利になります。一ドルの原材料を輸入するのに、一二〇円ですんだのが一五〇円もかかるようになるからです。円安は輸入原材料の価格を上昇させ、インフレをもたらすのです。

こう考えると、リフレ派やＭＭＴによって支えられてきたアベノミクスは、インフレ下で大規模な金融緩和を続けているために円安インフレをひどくして、輸出大企業を大儲けさせる一方、原材料を輸入している中小企業や農業、あるいは一般消費者を苦しめるのです。

そもそもインフレになったのなら、なぜ日銀は大規模な金融緩和を続ける必要があるのでしょうか。説明がつきません。実は、日銀の金融緩和政策はなかなか止められなくなっていて、〝出口のないねずみ講〟のようになっているのです。デフレ脱却の失敗は明らかなのですが、今度は新型コロナウイルスやロシアのウクライナ侵略をきっかけにデフレから逆にインフレになったために、もはや、止めるに止められない状況に陥ってしまったのです。

◇なぜ泥沼に陥ったのか

なぜ政府・日銀はアベノミクスから抜け出せなくなったのでしょうか。もう少し詳しく見てみましょう。

まず二〇二三年一月に財務省が示した試算では、金利が一%上昇すると、三年後の国債費が三・六兆円も増えるといいます。金利が二%上昇すると七・三兆円増になります。国債費がすぐに上昇しないですんでいるのは、日銀が額面より高い価格（マイナス金利）で短中期の国債を買い入れていたためです。二〇二四年三月一九日に、日銀は事実上インフレであることを認め、マイナス金利を止めました。日銀が超低金利による国債の購入を止めて金利を上げれば、国債利払い費を膨張させていきます。そのためにまた国債発行を増加させれば、金利が上昇しているので、国債の一層の累積をもたらすことになります。

次に、日銀が金融緩和を止めたとたん、国債価格が下落して金利が上昇し、日銀を含む金融機関が大量の損失を抱え込んでしまいます。二〇二三年三月二九日の衆議院財務金融委員会において、内田眞一日銀副総裁は金利が一%上がった場合、日銀が保有する国債の含み損が約五〇兆円になるとの試算を示しています。

さらに日銀が金融緩和をすると、銀行から国債を買い取り、日銀に置かれている当座預金に振り込まれ、二〇二四年二月末で、当座預金は約五四〇兆円まで積み上がっています。ここで、もし金利が引き上げられると、当座預金の付利（金利）も引き上げざるをえなくなります。そうなると、日銀にとって損失が大きく膨らんでいきます。

結局、マイナス金利を解除しても、金利の急激な上昇と国債価格の大幅な下落を防ぐために、金融緩和は継続せざるをえなくなっています。ただし、これまで日銀が金融緩和をするのはデフレ脱却が目的でした。ところが、インフレ状況でも金融緩和を続けるというのは、財政赤字を日銀がファイナンス（資金面で融通）するためです。財政赤字の原因は防衛費倍増政策ですから、防衛費を赤字国債で賄い、それを日銀が支えることを意味します。

二〇二四年の四月九日に岸田首相はアメリカを訪問して、日米共同声明を出しました。声明の大半が日米の軍事協力で埋まっています。日米共同声明では、それを「グローバルなパートナーシップ」と呼んでいます。自衛隊は新たな統合作戦司令部を新設し、米軍との作戦及び能力の「シームレスな統合」によって自衛隊と米軍の一体化を図るとしています。つまり自衛隊は「インド太平洋」において米軍の作戦の下請けとなり、場合によっては有事（戦争）にも付き合うという内容です。

日米共同声明で米国政府が諸手《もろて》をあげて歓迎したのは日本政府の防衛費倍増政策でした。しかし、果たしてうまくゆくのでしょうか。政府が防衛費を倍増するために大型予算を組むと、日銀は赤字国債を買う金融緩和政策で支えなければならなくなります。すると、円安によるインフレがもたらされ、円安インフレは防衛装備品（兵器）の調達コストを上昇させ、防衛費を一層膨張させます。二〇二四年度当初予算の主な防衛装備品（兵器）の購入価格は、一九～二二年度の平均価格と比べて約一・五倍に膨れ上がっています。このまま防衛装備品の値上がりが続けば、さらに財政赤字が膨張します。このように防衛費倍増と円安インフレの悪循環が起きているのです。

この防衛費膨張を正当化するために、防衛省は「防衛力の抜本的強化に関する有識者会議」を組織しました。そのメンバーには、自民党に政治献金をしている三菱重工の宮永俊一会長と、金融緩和を進めてきたリフレ派の若田部昌澄元日銀副総裁が加わっています。いまやリフレ派は防衛費の膨張を日銀の金融緩和で支えているようです。まるで「新しい戦前」そのものです。このように、日銀信用を総動員して、防衛費の膨張に伴う財政赤字をファイナンスし続け、行けるところまでいくしかない状況に陥っています。その意味で、アベノミクスは〝出口のないねずみ講〟になっているのです。

◇新型コロナが生み出した予算膨張

みなさんは新型コロナウイルスの流行によって、さまざまなかたちで行動制限を強いられたことはよく覚えていると思います。その時、観光地や飲食店やデパートや映画館が大変だというニュースは聞いたことがあるでしょう。あるいはウクライナやガザでの激しい戦闘で多くの人々が犠牲になっていることも聞いているはずです。この時、新型コロナウイルスの対策を名目にして日本の財政は「爆発的」に膨張して、国会のチェックが効かない予備費や基金を使って、防衛費を倍増して世界第三位の防衛大国になろうとする政策が動きだしました。

このように人々が浮き足立っている危機的な状況に、どさくさに紛れて、普段だったらできないような「改革」を押し通そうとすることを「危機便乗型資本主義」と言います。カナダのジャーナリストのナオミ・クラインという人が書いた『ショック・ドクトリン』(岩波現代文庫、上・下)に書かれていることですが、今の日本がまさにそれに当てはまります。台湾有事が叫ばれ、コロナ対策を名目にした異常な財政膨張の下に、アメリカの傘下で軍事大国になろうとしているからです。

図10を見てみましょう。二〇二〇年度に入って、菅義偉《すがよしひで》政権が誕生し、新型コロナウイルスの対策を名目にしてさらに財政規律を破壊し始めました。安倍政権になって予算規模は

一〇〇兆円台に乗り膨張傾向にありましたが、二〇二〇年に新型コロナウィルスの世界的流行をきっかけにして、二〇二〇年には一八二兆円、二一年には一七三兆円、二二年には一六一兆円と、以前と比べて一・五〜一・七倍ほどに急膨張しました。

なかでも問題なのは、表2（次頁）が示すように、予備費が毎年平均一〇兆円規模で伸びたことです。地震などの災害への対応は、直後に予備費で対応した後は補正予算で対応するのが通常でした。東日本大震災後でさえ、予備費は二兆円でした。予備費は、使い道や金額について閣議決定だけで支出することができ、事後的に国会の承諾を得ればよいものです。国会のチェックが甘い予備費がこれほど巨額に膨らむことは財政民主主義を侵す恐れがあります。しかも、こ

図10　予算規模(当初+補正予算)の推移

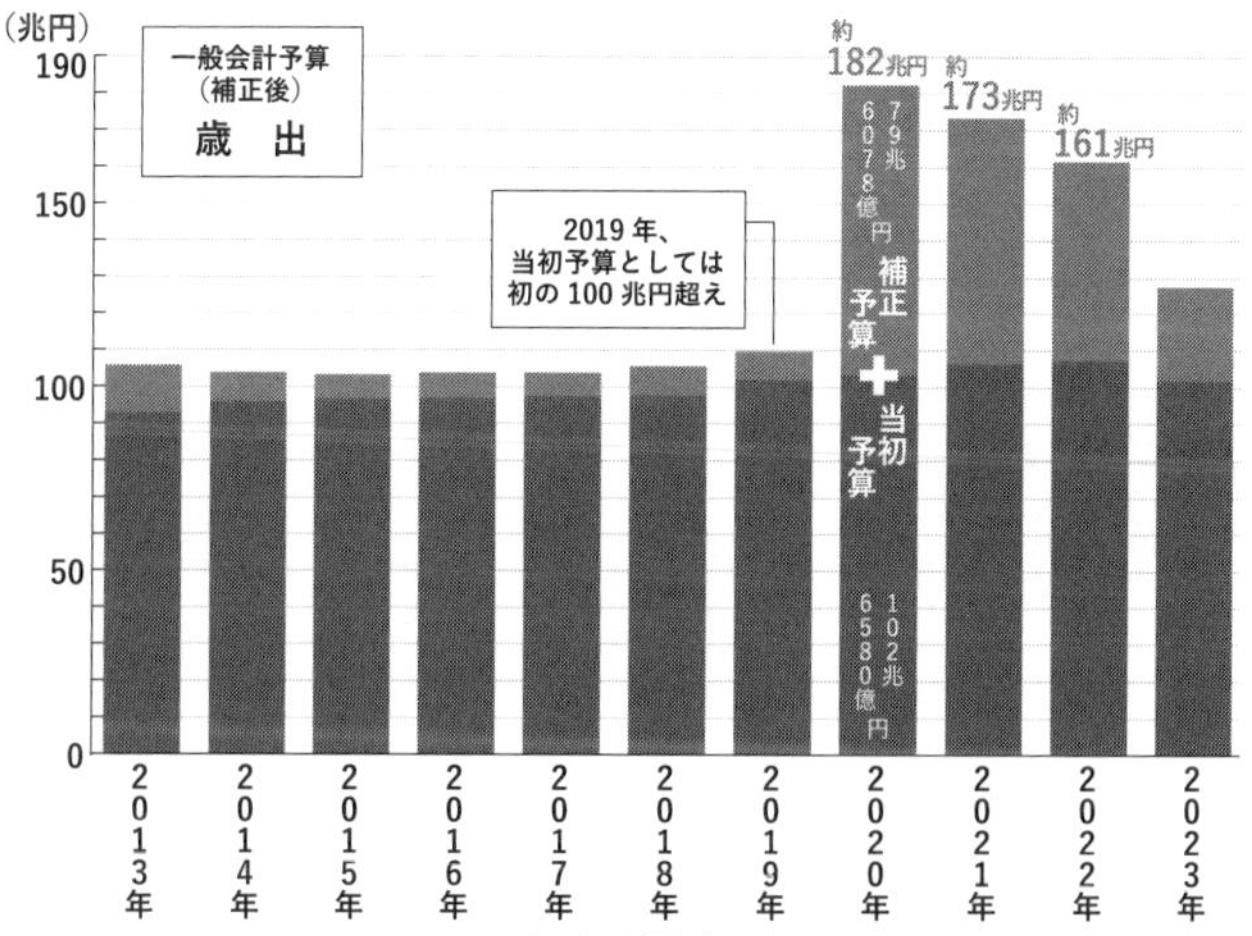

出所：財務省

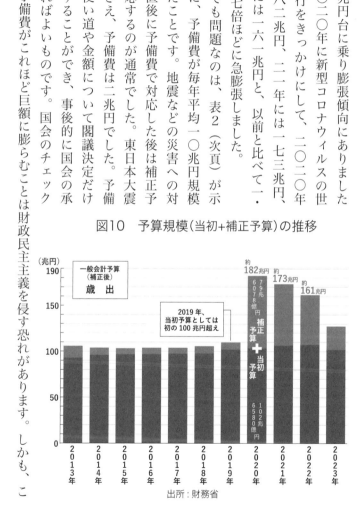

の予備費から多額の基金を積んでいます。基金は各官庁が天下った関連団体の下で設けられ、これも国会のチェックが十分に効きません。

そうした基金を使った補助金政策も効果が疑わしいものです。国際的には、エネルギー対策は燃料税（日本ではガソリンにかかる揮発油税など）の引き下げが一般的ですが、自公政権は、基金を積み増して石油元売り会社や大手電力会社に対してエネルギー（ガソリンや電気ガス）補助金を出すという特異な「物価対策」をとっています。日本ではエネルギーで莫大《ばくだい》な利益を上げている独占企業に補助金を出しているのです。しかも、そのために大型予算を組んで日銀が金融緩和で支えているので、円安インフレを止められません。それが輸入価格を引き上げるので、また補助金を増やしていかなければいけません。結局、マッチポンプのように補助金を出し続け、石油元売り企業や大手電力会社といった独占企業を儲けさせているのです。

表２　予備費と決算剰余金

	予備費	決算剰余金
2020 年	120000 億円	4536 億円
2021 年	83000 億円	13812 億円
2022 年	117600 億円	26295 億円
2023 年	55000 億円	

出所：財務省

日本国憲法には、第83条で「国の財政を処理する権限は、国会の議決に基いて、これを行使しなければならない」と書かれています。時の権力者が議会、さらに言えば国民の意思を無視して、勝手に税金を徴収し、思うがままに使ってはならないという財政民主主義の規定です。議会制民主主義は、一六八九年のイギリス名誉革命とともに発せられた「権利の章典」によって、王さまは議会の同意なしに法律の執行停止もできず、課税もできず、平時の常備軍を設けることもできないとされました。議会制民主主義を成り立たせてきたのが財政民主主義なのです。逆に、権力者が議会を無視して思うがままに税金を支出できたら、独裁制と変わらなくなってしまいます。

予備費や基金が問題なのは、後述するようにそれが防衛費倍増政策に悪用されている点にあります。議会の同意を得ずに、軍事費を肥大させることは民主主義の基本を侵すことにつながりやすいからです。問題はそれだけではありません。後年度負担《こうねんどふたん》という国会のチェックが弱くなる手法を使って防衛費を調達しようとしてきました。後年度負担とは、防衛費のうち防衛装備品（兵器）を調達する際、単年度の予算に縛られず、五年程度の分割払いができる制度をさしています。たとえば自衛艦を建設するとき、五年間で徐々に経費を計上していきます。この五年契約に基づく支払いのため計上される歳出予算を歳出化経費と言い、翌年度以降に支払う予定の金額を後年度負担と言います。この後年度負担はある種のローンのように、すぐに支払いが来ず、徐々に降り積もっていくので、いったん決めてしまうと、国会のチェックが効きにくくなっていきます。しかも二〇二四年に入って、これまで例外的に認められていた一〇年ローンの後年度負担を恒久化する法改正が国会で通過しました。これだと、国会のチェックも効かないまま、永遠に軍事費が肥大化していく可能性があります。

戦後は平和と民主主義を大事にし、戦争の反省のうえに立って、できるかぎり軍備拡張を抑《おさ》えてきましたが、安倍政権は十分な国会議論もせずに、それまで憲法上禁止されていた集団的自衛権（一国に対して武力攻撃を受けた時、直接に攻撃を受けていない他国も共同して反撃する権利）の行使を閣議決定で認め、それを前提にして安保法を制定しました。この防衛力強化路線にしたがって防衛費を飛躍的に増加させようとしてきました。アベノミクスはそのための道具でしたが、さらに後年度負担を使ってステルス（秘密裏）の形で防衛費増強を図っていったのです。

◇防衛費倍増のからくり

安倍政権は、二重三重に国会のチェックをかいくぐった仕組みを使って防衛費の拡大を図ってきました。後年度負担は頭金から次第に額を累積する傾向があるので、目に見えないまま防衛費増加に歯止めが効かなくなってしまいます。後年度負担は、先行きの歳出の硬直化を生むなどの問題点が指摘されてきましたが、大規模金融緩和でそうした制約がないかのように見せながら、この後年度負担を着実に増加させていったのも安倍政権の時でした。

図11を見てみましょう。安倍政権になった二〇一二年末以降、じわじわと後年度負担が増え始め、やがて単年度の防衛費を上回っていきます。

境目はトランプ大統領（当時）に対して兵器爆買いの約束をした二〇一七年度以降で、後年度負担が通常の防衛費予算を上回り出しました。二〇一三年度の後年度負担は三・二三兆円でしたが、二〇二二年度には五・九兆円まで倍増していったのです。その結果、これまで政府が守っていた防衛費は「対GDP（国内総生産）比一％以内」というシーリング（上限枠）を守れなくなってしまいました。

そこで岸田政権はそれを追認する形で防衛

図11　防衛費と後年度負担の推移

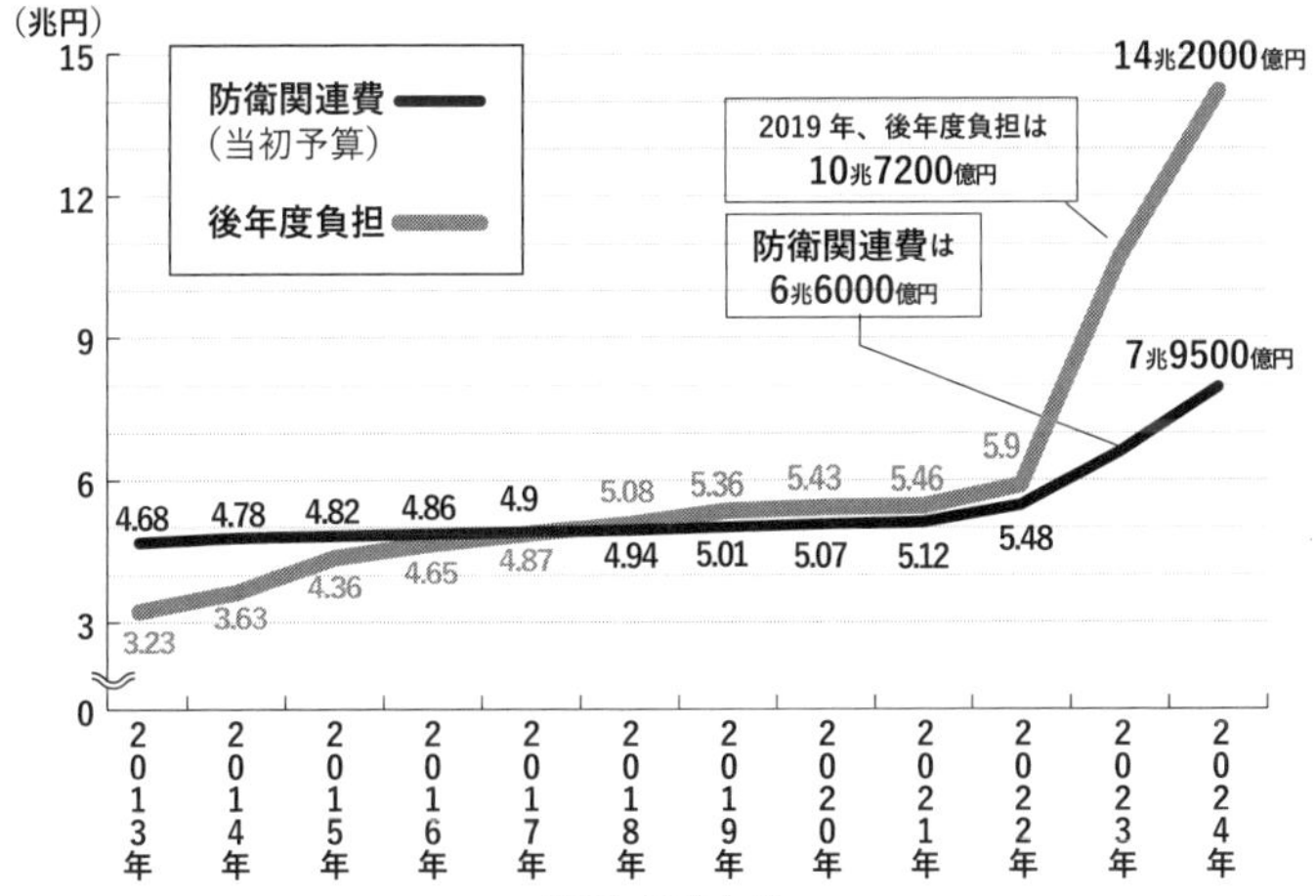

出所：防衛白書

費を倍増する政策を打ち出しました。防衛費は、今後五年間に総計四三兆円になります。中期防衛力整備計画の五年分の対象経費二五・九兆円を差し引くと、残る約一七兆円が新たな財源として必要になります。

この防衛費倍増政策の結果、二〇二三年度の後年度負担は一〇・七兆円（新規分は約七兆円）に大幅に増え、二〇二四年度にはさらに一四・二兆円にまで膨らんでいます。実は五年間に組む新たなローンの総額（後年度負担）は、二〇二七年度までに支払う防衛装備品の二七兆円に加えて、五年後の二〇二八年度以降にも一六兆五〇〇〇億円のローン払いが残ります。この分を含めると、当初の四三兆円を上回って六〇兆円になります。そのうえで、五年間の後年度負担を一〇年間まで延長することが認められたのです。後年度負担の膨張が続くかたちで、防衛費増加は歯止めを失っています。

◇防衛費倍増の財源は不安定なもの

防衛費倍増計画はどのようにして決まったのでしょうか。平和憲法にかかわる重大な政策変更であるにもかかわらず、防衛省に都合が良い一部の「有識者《ゆうしきしゃ》」を集めて、国会審議が十分に行われたとは言いがたいまま決まっていきました。具体的には、二〇二二年九月に防衛省が設けた「国力としての防衛力を総合的に考える有識者会議」が設置され、防衛費倍増を決め、二〇二二年一二月に従来「専守防衛」とされてきた防衛政策を修正して「反撃能力の保持」などを認めた「国家安全保障計画」「国家防衛計画」「防衛力整備計画」の防衛三文書を閣議決定しました。そして国会で十分な議論もなしに、防衛費倍増政策は決まっていきました。

では、岸田政権は、防衛費の財源をどのように調達しようとしているのでしょうか。表3が新たな財源(防衛財源確保法)の内訳です。世論の反発があって、防衛増税は先送りを繰り返されており、それ以外の不安定な財源に依存しています。実際、新たな約一七兆円の防衛費財源は本来防衛目的とは関係のない財源が含まれており、しかも「決算剰余金」や「歳出改革」といった財源としても極めて曖昧なものが含まれています。

まず「防衛力強化基金」の四・六兆円のうち、外

表3　防衛財源確保法(新たな17兆円)の内訳

1. 防衛力強化資金：4.6 兆円
   - ●外為特会 3.1 兆円
   - ●財投 0.6 兆円
   - ●コロナ対策 0.4 兆円
   - ●大手町プレイス売却収入 0.4 兆円
2. 決算剰余金：3.5 兆円
3. 歳出改革：3 兆円強
4. 建設国債：1.6 兆円

*4.4兆円が防衛増税(復興所得税の一部を防衛増税に振り替える)

国為替特別会計（外為特会）は外貨準備のドル資産などからできています。しかし、外為特会の目的は防衛費とは無関係です。外為特会は対外支払いの決済を円滑にするために外貨準備を持ち、時には為替市場の激しい変動を防ぐために介入することもあります。二〇二二年九月に一ドル＝一四五円で為替介入をした時、円高誘導のために円買いドル売り介入で、外為特会のドル資産を売った結果、二〇二二年度の外為特会は九兆円も減りましたが、効果は一時的で元の円安水準に戻ってしまいました。この円安状況では外為特会にはそれほど余裕がないはずです。

「防衛力強化資金」の国有財産の売却のほか国公立病院の運営法人の剰余金やコロナ対策の基金の国庫返納などによる税外収入も、本来、防衛目的とは無縁ですが、二〇二三年度は歳出改革（〇・二兆円程度）と外為特会などからの税外収入（一・二兆円程度）が捻出されました。

建設国債一・六兆円の根拠も極めてあやしいものです。一九六六年に、福田赳夫《ふくだたけお》大蔵大臣（当時）が、防衛費は消耗的な性格を持つので、建設公債発行の対象としないと答弁していました。ところが、二〇二三年度予算から防衛省・自衛隊の施設整備に係る経費二四五四億円、艦船建造に係る経費一八八八億円、合計四三四三億円について建設公債の発行対象としています。二〇二四年度には五二七億円の建設国債発行が計画されています。こうした支出を正当化するために、財務省は海上保安庁の予算になぞらえていますが、海上保安庁は海上の「警察」であって、反撃能力を持った「軍隊」とは別なはずです。非常に問題があります。

◇予備費を悪用したマネーロンダリング

もっと大きな問題は、「決算剰余金」や「歳出改革」という財源捻出手法にあります。政府は、前述したように国会のチェックが効かない予備費や基金を異常に膨らませ、それを意図的に余らせて財源を確保する手法をとっています。それは赤字国債依存を隠す「マネーロンダリング」と言ってもよいものです。

再び表2（70頁）を見てみましょう。二〇二〇年度から予備費は毎年一〇兆円規模まで膨らんだ。そこで予算を一三九兆円に膨らませてインフレ予算にして、二〇二二年度決算ではインフレによる税の自然増収を約四兆円（法人税が一・三兆円、消費税が一・二兆円、所得税が一・一兆円など）を生じさせ、（後で削りやすい）予備費一一・七兆円とまぜこぜにして予算の不用額が過去最高の一一・三兆円にも達しました。たくさん余らせた不用額を削ったうえに、二二年度の決算剰余金を二・六兆円にまで余らせました。しかし、そもそも基礎的財政収支が赤字なのに、こんなに巨額の剰余金が出るはずもないのです。ある種のマネーロンダリングな手法です。

しかし、新たに公債が増えない目安である基礎的財政収支（公債元利払い費用と公債発行額を除いた一般会計収支）が赤字である日本の財政は、そもそも決算剰余金など出ないはずです。事前に予備費などを計上しなければ、その分の赤字国債発行は不要であり、これほど多額の「剰余金」などそもそも発生しませんでした。赤字国債を発行して予備費をいったん大きく膨らませて、それを意図的に余らせて、決算剰余金を作り出す手法は、防衛費倍増政策が戦前・戦中と同じように、赤字国債依存の防衛費増加政策であることをごまかすためです。

主に予備費から積み立てられた「基金」についても、同じように「歳出改革」という名で防衛費を捻出しようとしています。二〇二二年度の基金数は約一四〇にも達しています。一六〜一九年度末は二兆円台で推移していた基金の残高額は、二一年度末の一二・九兆円から二二年度末には一六・六兆円にまで増えました。

二〇二三年度にはエネルギー補助金を出している基金を余らせて捻出する「歳出改革」を進めようとしていました。二三年七月二〇日に、経団連の十倉雅和《とくらまさかず》会長ら経済財政諮問《しもん》会議の四人の民間議員が、「歳出改革」としてエネルギー補助金の削減廃止を提言しました。政府・日銀は、二〇二一年末頃から物価上昇は「一時的」だと言い続け、それに基づいてガソリン補助金は段階的に削減して九月末までに廃止し、電気ガス補助金は半減されるようになっていました。ところが、エネルギー補助金を削減したために、二二年九月四日にはガソリン価格は史上最高値を更新してしまいました。そのために今のところ、エネルギー補助金を削減する「歳出改革」は思うように進んでいません。

結局、二〇二四年に入って一五二基金のうち一五基金を廃止し、およそ五四〇〇億円を国庫に返納させました。また二四年六月までに電気ガス補助金を廃止します。この「歳出改革」で防衛費を出すのです。

こうして見てくると、アベノミクスは、表向きにはデフレ脱却と景気対策を目的にしているように見えますが、政治的には恒久的税源なき防衛費膨張政策が背後にあったのです。二〇一七年六月二九日、リフレ派の日銀政策委員の原田泰《はらだゆたか》氏が「ヒトラーが正しい財政・金融政策をやらなければ、一時的に政権を取ったかもしれないが、国民はヒトラーの言うことをそれ以上、聞かなかっただろう。彼が正しい財政・金融政策をしてしまったことによって、なおさら悲劇が起きた。ヒトラーより前の人が、正しい政策を取るべきだった」と語ったことが話題になりました。安倍政権が進めてきた防衛力強化政策の政治的評価を意図的に隠していたのかもしれません。前述したように、その後、二〇二四年二月に榊原定征《さかきばらさだゆき》経団連名誉会長を座長にして新たに「防衛力の抜本的強化に関する有識者会議」が設置され、さらなる防衛費増加を唱えています。同会議にはリフレ派の元日銀副総裁の若田部昌澄《わかたべまさずみ》氏も加わっています。

◇二〇一五年体制で民主主義が壊れていく

この防衛費倍増政策は、二〇一五年に安倍政権のもとで、集団的自衛権の行使を認めた安保法案（安全保障関連法案）を強行採決したことでレールが敷かれたものです。これは、政治権力は憲法によって制限されなければならないという「立憲主義」と国民が政治の主権者であるという「民主主義」を根底からくつがえすものです。

先述したように、集団的自衛権は、自国と密接な関係にある外国（この場合、アメリカを指します）に対する武力攻撃を、日本が直接攻撃されていないにもかかわらず、実力をもって阻止する「権利」です。それまで集団的自衛権の行使については、自衛権の行使は日本を防衛するため必要最小限度の範囲にとどまるべきものとする憲法第9条と相容れないと考えられてきました。歴代の内閣府法制局長官もそういう立場をとってきました。

ところが、安倍政権は、二〇一三年八月に、総務（自治）、財務（大蔵）、経済産業（通産）、法務の四省出身者が交代で、法制次長から内閣法制局長官に内部昇格するという慣行を破って、駐仏大使の小松一郎氏をあてる人事を閣議決定しました。小松氏は集団的自衛権に賛成の立場でしたので、安倍首相は慣例を破って内閣法制局長官に任命したのです。そして二〇一四年七月一日の閣議決定で、集団的自衛権を認めてしまいました。それは国会の議論も経ずに、閣議決定による憲法解釈の変更で改憲を実行したのです。さらに、二〇一五年七月一五日に衆議院特別委員会において自公両党単独で安保法案（安全保障関連法案）の採決を強行し、同年九月一九日に参議院本会議においても強行採決され、安保法は成立しました。

それだけではありません。安倍政権は戦後の立憲主義と民主主義をくつがえすために、あらゆる国家装置を変えていきました。本章の冒頭でも述べたように、内閣法制局長官だけでなく、日銀総裁やNHK会長にも安倍首相の「お友だち」をつけました。さらに、二〇一四年五月に内閣人事局を発足させ、審議官級以上の約六〇〇名もの官僚人事を一手に握るようになりました。しかも二〇一七年八月からは公安警察出身の杉田和博氏が局長になり、二〇二一年一〇月からは栗生俊一《くりゅうしゅんいち》元警察長官がつき、高級公務員の人事を警察官僚が握る事態となりました。

安倍政権はテレビメディアへの介入も強めていきました。二〇一四年一一月頃から礒崎陽輔《いそざきようすけ》元補佐官が総務省に対して働きかけを始めました。二〇一五年五月一二日に、当時の高市早苗《たかいちさなえ》総務大臣が従来の見解とは異なって「一つの番組でも極端に偏向がある場合には政治的公平に反する」という国会答弁を行い、翌一六年二月八日と九日の衆議院予算委員会において、放送局が政治的公平性を欠く放送を繰り返したと判断した場合、放送法四条違反を理由にして、電波法七六条に基づいて電波停止を命じることもあると発言しました。その過程で、NHK「クローズアップ現代」の国谷裕子《くにやひろこ》氏、TBS「ニュース23」の岸井成格《きしいしげただ》氏、テレビ朝日「報道ステーション」の古舘伊知郎《ふるたちいちろう》氏らのキャスターらが降板し、政府に批判的な意見を述べるコメンテーターが次々と辞めさせられていきました。

こうした二〇一五年体制は、アベノミクスによって支えられてきました。二〇一五年は、二〇一三年四月に始まったアベノミクスの「二年で二%」という物価目標の期限でしたが、結局、目標は達成できませんでした。そこで止めれば傷も小さかったのですが、これからトリクルダウンが起きるとして継続され、二〇年も継続したあげく、デフレ脱却は達成できませんでした。ところが、今度は新型コロナウイルスの世界的流行やロシアのウクライナ侵攻をきっかけにインフレに転じたにもかかわらず、アベノミクスから抜け出せなくなってしまいました。その弊害はさまざまなかたちで日本の経済社会を壊してきています。

◇政治腐敗が日本を覆う

政治的には、民主主義的諸制度の破壊を背景にして、権力者たちによる縁故主義を横行させ、政治的腐敗を生んでいます。二〇一四年九月に経団連が自民党への政治献金を復活しました。ほぼ同時期に官僚たちの天下りも復活します。その後、二〇一六年六月に、森友学園への不当に安い国有地払い下げという問題が起きます。それは財務省による公文書改ざんをもたらし、二〇一七年三月七日、近畿財務局職員の赤木俊夫さんが自死します。二〇一七年一月二〇日に、加計《かけ》学園が今治市《いまばりし》を国家戦略特別区域として獣医学部《じゅういがくぶ》新設が認められましたが、その決定プロセスに安倍首相と官邸《かんてい》の関与が問題にされました。さらに桜を見る会への招待客が拡大し、招待客の選定基準の不透明さに加え、招待客として安倍首相の後援会を招いたのです。税金の私物化が問題になるとともに、前夜の夕食会の会費問題にかかわって公選法や政治資金規正法違反の疑いが起きました。

こうした不正腐敗を不問にしたために、不正腐敗が自民党全体に広がり、二〇二三年には裏金問題へと広がっています。個人に対して企業献金を禁じた政治資金規正法の抜け道として、派閥の政治資金パーティーでノルマを超える分をキックバックする違法な方法が横行していました。自民党の安倍派・二階派・岸田派を中心に一〇億円近い裏金におよそ九五人の国会議員がかかわっています。裏金問題の露見は、実はアベノミクスによる経済政策の破綻と裏表のかたちで起きています。

経済的には、アベノミクスの破綻は明らかです。インフレ状況でアベノミクスを続けることは、従来の物価を引き上げるデフレ対策の枠組みで、物価上昇を抑えるインフレ対策を行うことになります。こうした政策破綻を取り繕うために、「金融正常化」と称して、マイナス金利を解除し、イールドカーブコントロール（長期金利操作）を止めざるをえなくなっています。しかし、アベノミクスのツケは重く、出口がない泥沼が続いています。

◇マイナス金利を解除したけれど

二〇二三年一二月には、マイナス金利の解除を含む「金融正常化」論が強まっていましたが、二〇二四年三月一九日には日銀はついにマイナス金利を解除するとともに、イールドカーブコントロールも止めました。第一章の「アベノミクスは失敗した」の項でマイナス金利について簡単に説明しましたが、二〇一六年二月以降、政府が発行した国債について、日銀は長期金利となる一〇年債をほぼゼロ金利にして、それ以下の短中期債を額面価額よりも高い値段で買い取ってマイナス金利にしてきました。政府は短中期の国債の金利を支払わなくてもよいどころか、むしろ余分に収入が得られ、国債費の伸びを抑える

図12　イールドカーブコントロールの推移

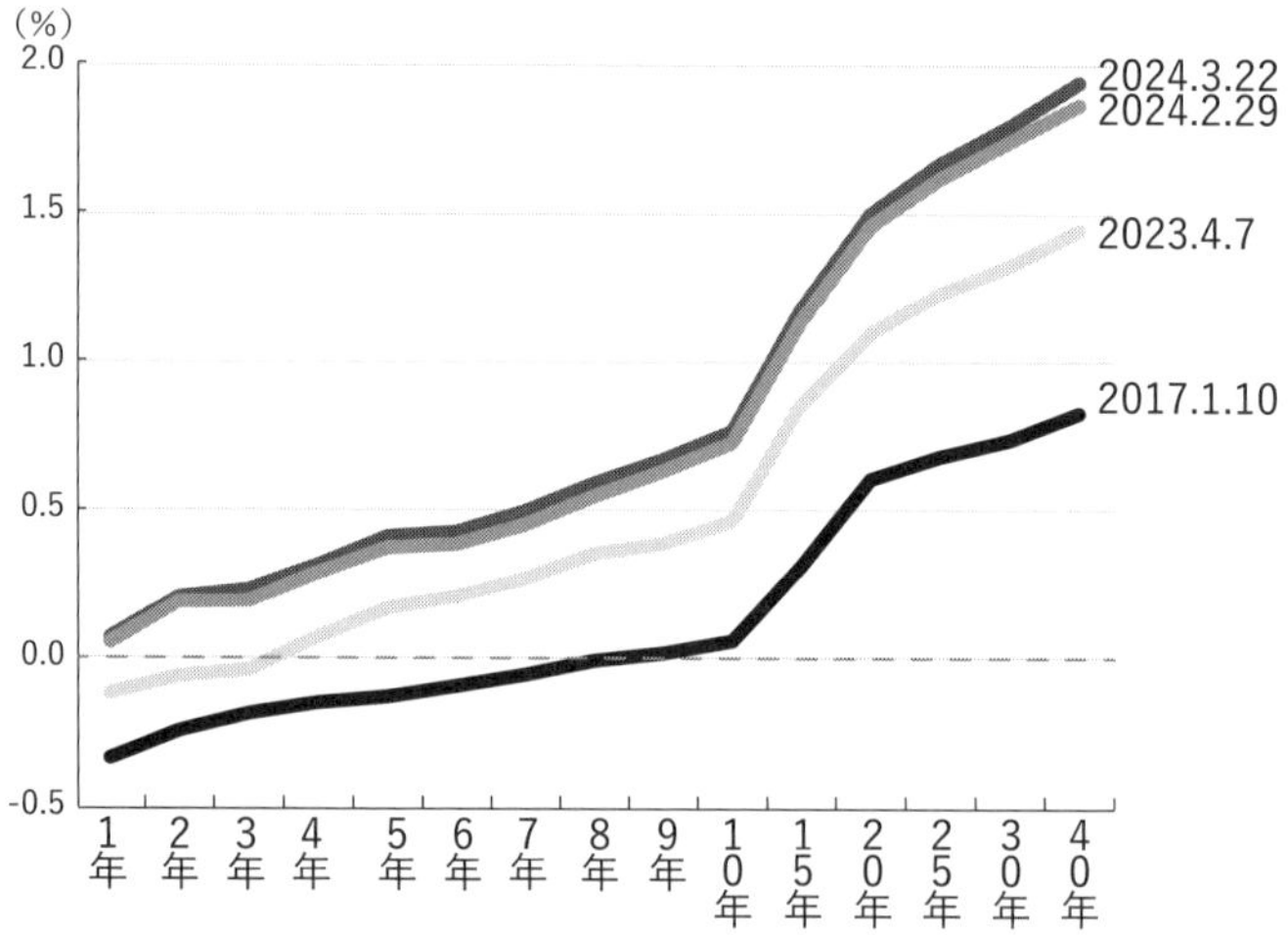

出所：財務省「金利情報」より作成

ことができます。

ところが、マイナス金利を解除したら、かえって一ドル＝一五一円台へと円安が進んでしまいました。本来、利上げをしたら円高になるはずなのに、なぜ円安が進んでしまったのでしょうか。

図12を見てみましょう。まず期間が短い国債の金利が低く、期間が長い国債ほど金利が高くなっていることがわかるでしょう。これを「イールドカーブ」と言います。日銀はあらゆる期間の国債を大量に買って、このイールドカーブ全体をコントロールしようとしてきました。二〇一六年二月にマイナス金利を導入しましたが、一年後の二〇一七年一月一〇日のカーブを見てみると、八年債以下の短中期債はみなマイナス金利になっていることがわかります。ところが、黒田東彦前日銀総裁が退任した二〇二三年四月七日段階では、投機マネーが国債売りの攻勢をかけたので金利が上昇し、マイナス金利は三年債以下だけになっていました。

さらに、二〇二四年二月末段階のイールドカーブを見てみましょう。この段階では、一〇年債以下の短中期国債はすでにマイナス金利はなくなっていました。二〇二四年三月一九日に日銀のマイナス金利解除の決定は、すでにマイナス金利がなくなったことを追認しただけにすぎなかったのです。

しかも二三年秋くらいからマイナス金利を解除して「金融正常化」が近いと言い続けること

で、円安が進まないための口先介入をしていました。しかし、あまりに長く口先介入を繰り返してきたので、実際にマイナス金利解除を宣言したとたんに口先介入の効果が切れて、一気に円安が進行してしまったのです。

マイナス金利を解除しながら円安が進んだもう一つの理由は、日銀は一方でマイナス金利を解除して利上げをすると言いながら、他方で金融緩和を継続して金利を引き下げるという支離滅裂な状況に陥っていたことです。もし日銀が本格的に利上げをすれば、国債費が膨張し、日銀が抱えている国債の含み損が膨らみ、そして膨大に積み上がった当座預金の付利（金利）を上げざるをえなくなって、日銀は債務超過に陥る危険性が生じます。結局、日銀は金融緩和を継続せざるをえず、金利を上げられないことを投機マネーに見透かされていたのです。

実際、二〇二四年四月九日、岸田首相が訪米する前、植田日銀総裁は国会で「利上げ」の可能性がある旨、答弁しましたが、円は一ドル＝一五五円を突破してしまいました。さらに四月二五～二六日の日銀の金融政策決定会合で金融緩和継続を決めたら、一ドル＝一六〇円を突破しました。あまりに急激な円安にあわてて、財務省は四月二九日に五兆円、五月二日は三兆円規模の為替介入を行わざるをえなくなり追い込まれました。この事態で明らかになったことは、アベノミクスの失敗によって日本は投機の対象となる国になったことです。

◇金融緩和の根拠がなくなった

日銀にとって深刻なことは、金融緩和を継続する目的や根拠がなくなってしまったことです。これまで日銀が金融緩和政策を続ける目的はデフレから脱却することでした。ところが、マイナス金利を解除するに際して、事実上、現状がインフレ（物価上昇）であることを認めたので、デフレ脱却という名目を失ってしまいました。これまでアベノミクスを支えてきたリフレ派は本来なら金融緩和を止めるべきです。あるいはＭＭＴ（現代貨幣論）も根拠を失っており、本来なら大企業を中心に増税を打ち出すべきです。ところが、依然として大規模財政と金融緩和を主張するか、沈黙するかになっています。

結局、日銀の金融緩和政策は、第二章で述べたように、防衛費が突出して膨張した大規模な財政支出に対して、日銀が赤字国債を購入して支えることが目的になってしまいました。それは単なる赤字財政のファイナンスです。そしてインフレなのに、物価を上げる金融緩和政策を続けながら、インフレを抑制するという支離滅裂な政策になり果てたのです。その矛盾は、日銀が相変わらず金融緩和を継続しているため、二〇二四年四月二九日に一ドル＝一六〇円を突破するまで円安が大幅に進んだことに現れています。当然、為替レートが円安になれば、輸入物価が上昇して物価上昇をもたらします。

実際、先述したように、二〇二二年九月に防衛省は、「国力としての防衛力を総合的に考える有識者会議」を設置し、国会できちんとした議論もせずに、防衛三文書（「国家安全保障計画」「国家防衛計画」「防衛力整備計画」）を改訂し、五年間で防衛費を倍増させて四三兆円にする方向を決めました。二〇二四年二月に、さらに防衛費を増やそうと、防衛省は「防衛力の抜本的強化に関する有識者会議」を設置しました。前述したように、そのメンバーには、政治献金を出して防衛装備の受注額トップの三菱重工宮永会長やリフレ派の若田部元日銀副総裁が入っています。

その一方で、閣議決定だけで、英伊と共同開発した次期戦闘機を第三国に輸出することを決め、さらに自衛隊の武器を製造企業との長期契約（10年ローン）でまとめ買いできる時限法を恒久化する改正案を自公賛成で国会を通過させました。デフレ脱却の名目が失われると、いまやリフレ派は歯止めを失った防衛費膨張を金融緩和で支えるようになっています。

その結果、インフレが進むなかで日銀が金融緩和政策を継続することで、円安インフレ政策を進めていくことになっています。もはや政策は根本的に破綻しています。円安によって、ドル圏で取引をしている大企業はボロ儲けになります。他方、輸入原材料に依存する中小企業、肥料や飼料や燃料費を海外に依存する農業、最低賃金引き上げ以外に賃上げの術《すべ》がない非正規労働者は、経営や生活がますます苦しくなっています。さらに次の章で述べるように、円安はバブル経済を昂進させ、破綻リスクを膨らませているのです。

◇「賃金と物価の好循環」は起きているのか

マイナス金利解除のもう一つの背景として、「賃金と物価の好循環」が見通せるようになったことがあげられています。たしかに、二〇二四年春闘では、連合初回集計で五・二八％の大幅賃上げがありました。しかし、これで「好循環」が起きていると言えるのでしょうか。

二〇二三年を見てみると、連合集計で賃上げ率は三・五八％でしたが、実質賃金は▲二・五％でした。五ポイントも違いが出るのは、雇用の七割を占める中小企業、四割を占める非正規雇用（最低賃金）は大企業中心の労組と比べて非常に賃上げ率が低く、物価上昇率を下回っていたからです。

岸田政権が打ち出す女性非正規労働者の賃上げ政策は、従業員一〇一人以上の事業所で、社会保険加入の最低限年収となる一〇六万円を超えて働く者を雇い、保険料を肩代わりする事業者に対して最大五〇万円を給付するというものです。しかし、これでは従業員一〇〇人以下の中小零細企業は除外され、さらに一〇一人以上の事業所でもどれくらいの者が労働時間を増やせるかは疑問です。これは恒久的な賃上げ政策というよりは、非正規雇用の労働時間を拡大するだけで、あくまで目先の人手不足対策にすぎないです。おまけに政府が関与する訪問介護サービスのような分野では、介護報酬がマイナス改定されています。ただでさえ介護従事者は低賃金で高齢化が進んでおり、制度の崩壊さえ危惧されているにもかかわらずに、です。

大企業には労働組合が存在していますが、いまの労働組合の推定組織率はわずか一六・五％で、三〇年前の二四％超より大きく落ち込んでいます。先述したように〈ドル圏〉に生きている経団連加盟の大企業は賃上げをするゆとりがありますが、労働者全体に占める割合は小さくなっています。他方、〈円圏〉に生きている多くの中小企業は輸入原材料の高騰と人手不足で賃上げ能力は限られており、なかでも非正規労働者は定期昇給さえない状況です。物価上昇を転嫁できる大企業と転嫁できない中小企業の間にも賃上げの格差があります。しかも雇用の七割は中小企業なのです。その結果が、二四年三月時点における二四ヵ月連続実質賃金のマイナスです。先に述べたように、政府日銀はインフレ課税路線をとっているので、円安が再び加速しインフレ下の「見えない増税」が負担になります。そして賃金が上がっても結局、物価の上昇に追いつかないから生活はよくなりません。多くの人はだまされたような感覚に陥っているのです。

◇「構造的賃上げ」とは何か

中小企業や非正規労働者に賃上げが波及しないという問題だけではありません。大企業の賃上げも額面通りの数字をそのまま受け取ってはいけません。実は、岸田政権は「骨太の方針」で「構造的賃上げ」を打ち出しており、大企業の賃上げの中身も相当に怪しいものなのです。

「構造的賃上げ」は次の三つの柱からできています。

①リスキリング（新産業の知識や技能の学び直し）。

②ジョブ型と称する「日本型職務給の導入」をめざす。

③成長分野への円滑な労働移動を促す。

つまり、岸田政権は、生産性の高い新しい産業分野に労働移動を促すことによって、賃金を上げていく政策をとっています。と同時に、年齢とともに賃金が上がっていく年功賃金制度をやめ、日本型の成果主義賃金の導入をめざしています。

二〇一四年に経団連が自民党への政治献金を復活して以降、政府自民党は経団連企業が利益になる政策をとるようになり、古い重化学工業の救済ばかりで、情報通信産業、医薬品産業、自然エネルギーと蓄電池などの新しい先端産業は遅れるばかりで貿易赤字が定着しています。したがって生産性の高い新たな分野がないので、労働移動をして賃上げするという政策は絵に描いた餅です。

実際、繰り返し述べてきたように、大規模な財政拡張と日銀の金融緩和政策で大幅な円安をもたらして大企業の利益は膨らむばかりです。消費税増税は社会保障の充実に使われることなく、かなりの割合を法人税減税（二〇一二年三〇％→二五・五％、二〇一五年→二三・九％、二〇一六年→二三・四％、二〇一八年→二三・二％）にあてられました。物価対策としては国際的に燃料税の引き下げや自然エネルギーや蓄電池への促進が当たり前なのに、石油元売り企業や大手電力企業に対してエネルギー補助金を与え、膨大な利益を与えています。また政府は、原発促進や防衛費倍増など古い重化学工業を生き残らせる政策に邁進《まいしん》しています。

その一方で、大手企業は初任給を大幅に引き上げて、衰退産業の大企業が若者を吸収していきながら、アステラスや武田薬品など衰退する医薬品企業では、四〇～五〇代の研究職などをリストラ（転職）しています。こうすることで、これまで日本企業がとってきた年功賃金制度（年齢が上がると定期昇給していく賃金制度）を止めて、年齢に対して賃金水準をフラット（水平）にしていき、企業側が設定した経営目標に貢献すると賃金が上がっていく成果主義賃金制度を導入しようとしています。大幅賃上げが実現していると喧伝《けんでん》されていますが、大企業の経営者側から見ると、従業員側に支払う賃金の総額は抑えられているのです。

経団連は二〇二三年一一月二四日の説明会で、二〇二二年度の消費者物価上昇率三・八％に対して大企業の定期昇給も含めた賃金引上げ率は平均三・九九％であり、物価上昇を上回って実質賃上げはプラスだと主張しました。年齢に応じて賃金が上がっていく中高年をリストラすれば、定期昇給を含めた賃上げ率が上がっても、企業が支払う賃金総額は増えません。これが「構造的賃上げ」の本質です。

こうした状況でテレビコマーシャルでは人材派遣業のコマーシャルがやたら増えており、「転職」は当たり前という社会的雰囲気を醸成《じょうせい》しています。一九九〇年代の新自由主義的政策が一層加速しています。労働者派遣法改正に伴って職業紹介事業の「民営化」が拡大してから、公的なハローワークに代わって、あらたに人材派遣業者が労働政策の主体となってきています。その一方で、ハローワークの窓口業務でさえ非正規雇用が当たり前になるという悪い冗談のような状況になっています。

いまや企業の内部において、仲間が共同して技能や熟練を身につけ成長していく慣行がなくなりつつあります。個別の労働者ごとに分断され、「君は能力がある」「別の職場に移動すれば新たなチャンスがある」と煽《あお》っているのです。しかし、そこもやがて成果主義にしたがって、四〇~五〇代になってリストラされていく運命にさらされているのです。

しかも、この一〇年間も金融緩和を続けた結果、産業の衰退がひどく、実質賃金低下と格差の拡大が進み、少子高齢化は歯止めを失っています。そしていまや円安バブルという末期症状をもたらしているのです。日本経済は大きなリスク（危険）を抱えており、どのようにそれを防ぎながら、日本経済をよみがえらせるかを正面から考えなければならなくなっています。

第四章　なぜ円安バブルが起きたのか

◇生活実感のないバブル

株価上昇が起きています。二〇二四年二月二二日には、日経平均株価が三万九〇〇〇円台をつけ、バブル経済ピークの一九八九年一二月二九日に記録した最高値（三万八九五七円）を上回りました。その後も株価は上昇し、三月四日には、四万〇一〇九円と史上初めて四万円の大台に乗り、しばらく史上最高値を更新し続けていました。株価が史上最高値をつけたといっても、物価上昇で苦しい多くの人々には実感がわかないバブル現象です。ましてや高校生のみなさんは株を持っている人はほとんどいないので、わかりにくいと思います。

実は地価もマンション価格も上がっています。といっても、みんなが持っている資産が値上がりして、浮き足だっているわけでもなさそうです。値上がりは大都市圏中心で、人口が減っている地方ではむしろ値下がりしている所も多いです。とはいえ、大都市の地価やマンション価格の上昇はすごいものがあります。たとえば、千代田区、港区、中央区などの東京都心六区の中古マンションの値段は一億円を上回っています。億万長者という言葉がありますが、高校生のみなさんにはますます実感がわかないと思います。とりあえず一億円というと、相当に高いことはわかるでしょう。実は中国人を含む外国人の多くがマンションを買っていて、普通のサラリーマンではなかなか手の届かない値段です。

よく考えると、お金《かね》は不思議な存在です。金貨のように、多くの人が稀少で貴重だと信じられる金属貨幣と違って、金《きん》の裏付けのない紙幣はそういきません。それなのに、お金はなぜ通用するのでしょうか。禅問答のようですが、それはみながお金だと信じているからです。裏返して言うと、紙幣は使っている人々が政府や中央銀行を信頼していないと、通用はしません。しかもお金は、いつも物やサービスの取引に必要な適切な量にコントロールされているとは限りません。紙幣と金とのつながりが断ち切られて「金属貨幣」の時代が終わり、紙幣だけの「信用貨幣」の時代になると、ますます物と物の取引における貨幣の必要量とは関係なくなります。お金が余りだしてバブルとバブル崩壊が繰り返すようになります。信用貨幣の時代が始まると、

「バブル循環」が一種の「持病」になっていきます。

お金に対する無限の欲望を現す現象がバブルです。バブルとは「泡《あわ》」という意味です。人々に株や不動産が上がるという「期待」が生じると、それだけで株や不動産が上がっていきます。いったん土地や株の値段が上がると、もっと上がるのではないかと「期待」が「期待」を呼んで、どんどん値段が上がっていくのがバブルです。まさに中身が空っぽな泡が次々と吹き上がっていくように、土地建物や株式の値段がどんどん上がっていきます。

バブルを引き起こす要因はいくつかあります。一つは、中央銀行の金融緩和政策でお金が余る現象もバブルをつくり出す原因になります。新型コロナウイルスの世界的流行で世界中の中央銀行が金利を低くし、発行するお金の量を増やしました。そのため、新型コロナウイルスの流行が下火になって、余ったお金は株や不動産に向かっていきやすくなりました。

いま一つは株や不動産が上がると多くの人たちが信じる「神話」の存在です。よく考えると、「神話」はあくまでも「神話」なのであって根拠が怪しいものですが、それが値上がり「期待」を生みます。たとえば、一九八〇年代は、それまで長い高度成長の時代が続き、地方から大都市に人口が流入し住宅が不足していました。そのため土地の値段は絶対に下がらないという「土地神話」が生まれました。一九九〇年代後半にはＩＴ（情報通信）技術の進歩がめざましく、たくさんのＩＴ企業が生まれ「新しい経済（new economy）」が来ると言われました。これが

ITバブルでした。二〇〇〇年代は、金融工学が発達して住宅ローンを細かく債権化し、さまざまなリスクに応じて組み合わせれば、住宅ローンの貸し倒れのリスクを吸収できると考えられました。それが二〇〇八年のリーマンショックを引き起こした住宅バブルでした。いまは、TSMC（タイワン・セミコンダクター・マニュファクチャリング・カンパニー）の熊本工場建設や日本の半導体メーカー・ラピダスの北海道立地など、日本の半導体投資への過剰な期待が牽引《けんいん》役の一つになっています。

バブル経済の時代は、「労働」の代価として「賃金」や「報酬」をもらって豊かになるという勤労の美徳はあまり尊重されなくなります。人々の「期待」を読むことがうまくいけば、あっという間に多額の収入をあげることができるからです。ただ資産を持っているだけで、金持ちになったり、その資産の価格が暴落するだけで、いきなり破綻したりします。コツコツ努力することを馬鹿にするようになります。お金がすべてだという拝金主義《はいきんしゅぎ》がはびこっていき、社会のモラルが徐々に壊れていきます。

もちろんバブル経済は「バブル景気」で一般的に経済はよくなるはずです。逆に、これまでのバブル経済を考えると、経済指標がよくなれば、株価が上がります。経済指標が悪化すれば、株価も下がるはずです。一九八〇年代後半のバブル経済の頃は、みなが高級レストランに行ったり、豪華な海外旅行をしたり、海外ブランドの洋服を着たり、ディスコで夜通し踊ったりする人であふれかえっていました。みんなが浮かれた状況でした。

ところが、今回のバブルはこれまでのバブル経済と少し違っています。多くの人々にとって株価最高値を更新しても生活実感とほとんど関係がないのです。これまで見てきたように、実質賃金は低下を続け、一人あたりGDPも下がり続けています。なぜ、こういう違いが起きるのでしょうか――その仕組みを明らかにすることが、この章の一つの目的です。それはいまの日本経済が持っているいびつな性質を明らかにすることでもあります。

◇経済衰退の下での株価上昇

非常に奇妙なことに、日本経済は次々と衰退の指標が出ているのに、株価だけが過去最高値を更新し続けています。二〇二四年二月一五日、日本のGDPがドイツに抜かれて世界第四位となったと報道されました。一人あたりGDPを見ても、二〇〇〇年に二位でしたが、二〇二三年には三二位に転落しています。同時に、この日、株価が三四年ぶりに三万八〇〇〇円を突破しました。

足下の短期的な経済指標を見ても芳《かんば》しくありませんでした。二四年三月一一日公表された二〇二三年一〇～一二月期のGDP統計（二次速報）の実質GDPは、前期比〇・一％増と、一次速報（前期比▲〇・一％の下落）から上方修正され2四半期連続でのマイナス成長は免れたものの経済は非常に低迷しています。二〇二四年一～三月の実質GDPは再び前期比▲〇・五％とにマイナスに転落しました。先述したように、二〇二四年三月の実質賃金は▲二・五％となり、二四ヵ月連続、ほぼ二年間▲〇・五％とマイナスを続けています。二〇二三年度の実質賃金は▲二・五％になりましたが、まさに三四年前の一九九〇年以降で最低水準となりました。二三年一二月の二人以上世帯の実質消費支出は▲二・五％で一〇ヵ月連続のマイナスとなりました。図6（第二章、53頁）が示すように、リーマンショックを契機にして、貿易赤字も定着しつつあります。どう見ても、いまの日本経済はかつての三四年前のバブルのような勢いがありません。

三四年ぶりの株価水準ですが、三四年前の一九八九年末は、バブル経済絶頂期で、ジャパン・アズ・ナンバーワンといわれた日本経済の「黄金時代」でした。この頃は、日本製品の国際競争力が強く、日米半導体協定に示されるようにアメリカから攻撃され、日米間で激しい貿易摩擦問題が生じていました。そして一九八五年のプラザ合意以降は、急激に円高が続いている時代でもありました。一ドル＝二三五円だった為替レートが、一九九〇年の一〇月には一三〇円台を上回るほど急速な円高になっていました。短期金利もバブル崩壊後に急速に低下したものの一九九〇年初めには八％を超えていました。にもかかわらず、当時の日本は貿易黒字を続けていたのです。

これに対して、今の日本は経済衰退と円安が進み、GDPではドイツに抜かれ、やがてインドにも抜かれようとしています。一人あたりGDPを見ても、一九九〇年には世界九位で二〇〇〇年には世界二位まで上りつめましたが、その後、どんどん地位を低下させていきました。二〇二三年には三一位まで落ち、イタリアにも抜かれてG7最下位に落ち込んでいます。図1（第一章、22頁）が示すように、G7のなかで、日本だけが実質賃金が落ち込んでいます。先進国の中では、賃金が上がらない特異な衰退国になっているのです。

◇円安と株バブル

経済が衰退しているのに株価だけが上がる奇妙さはどこからくるのでしょうか。

第一の背景に、前の章で述べたように、アベノミクスを一〇年も続けた結果、日銀は金融政策の柔軟性を失ってしまい、物価上昇にもかかわらず、金利を引き上げることができないまま円安が進んでいます。株価が三万八〇〇〇円を突破した二月一五日は、為替レートが一ドル＝一五〇円台の円安になりました。にもかかわらず、二月一五～一六日にかけて日銀は二・五兆円の国債の指し値オペを行いました。一五〇円の円安が進む日に、長期金利の上昇を抑制して円安を誘導する政策を実行したのです。この奇妙さは後でまた述べます。

中央銀行が円安を誘導するということはインフレを進めることを事実上認めることであり、バブルを煽る政策をしていることになります。円安は、ドル圏で取引をしている輸出大企業の利益を大きく膨らませます。前にも述べたように、同じ一ドルのものを輸出した時、一ドル＝一二〇円の為替レートだと一二〇円の儲けですが、一ドル＝一五〇円に円安が進むと、同じものを輸出しても一五〇円の儲けになります。実際、トヨタが連結純利益を四・五兆円も出すことが予想されていますが、大手企業は軒並み最高益を記録しています。それが株価を引き上げています。

同時に円安は、外国人投資家によれば、日本

図13　対ドル為替レートと日経平均株価(月末終値)

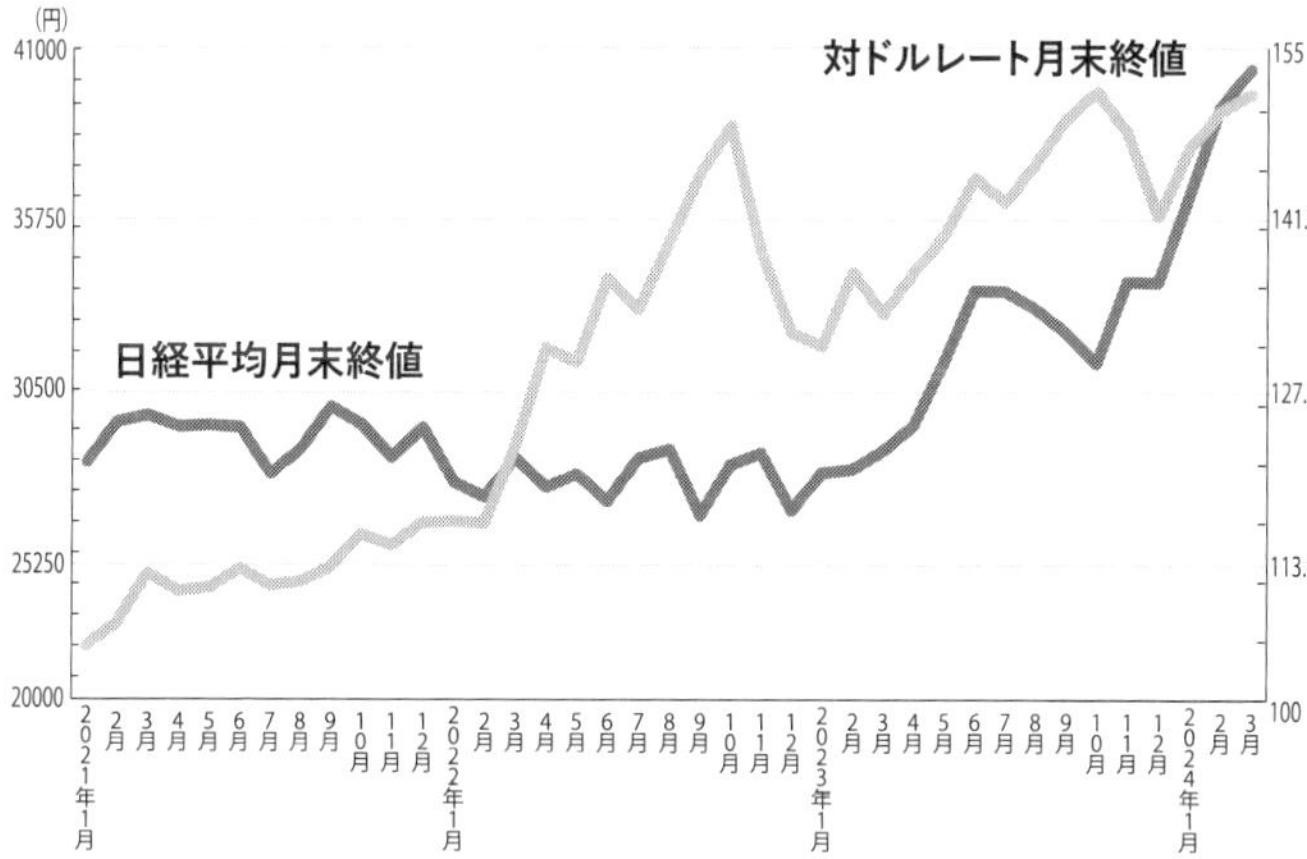

株や日本の不動産を割安にします。先の例で見れば、一万ドルで一二〇万円の株を買っていたのが、一万ドルで一五〇万円分の株を買えることになります。円安だと外国からの旅費が割安になってインバウンド（外国人観光客）が増えるのと同じ理屈です。実際、東京都心のマンションの買い手にも中国人が多いといいます。

そこに、新型コロナウイルスの世界的流行に際して、世界中で大規模な金融緩和策がとられたために、世界中にカネ余りが起きました。そのなかで、図13（前頁）が示すように、急速に円安が進みました。二〇二三年に入って、新型コロナウイルスが次第に収束し始める一方、夏になると、中国の不動産バブル崩壊が深刻化し、中国の株式市場が下落を始め、かつ米中の貿易摩擦で中国の対米輸出が激減するとともに中国への投資が減っていきました。その結果、余ったカネが円安日本に向かって流れ込んできました。それにつれて、二〇二三年に入って円安と株価上昇が連動するようになったのです。

前の章で、一ドル＝一六〇円を突破する円安は、日本経済が衰退し、財政金融政策が動きがとれなくなったがゆえに、日本が投機の対象になったからだと述べました。この株高バブルも実体のない、日本を食い物にする投機の対象となったがゆえに起きているのです。

◇インフレ課税路線をとる財務省

前章で述べたように、二〇二四年三月一九日に日銀はマイナス金利を解除しましたが、その後も金融緩和政策を続けており、円安インフレと円安バブルは変わっていません。政府は防衛費膨張を含めて巨額の予算を組み、日銀も金融緩和を続けて六〇〇兆円弱もの大量の国債を買い支えているのです。二四年二月八日、内田眞一日銀副総裁は急速な利上げはできない、金融緩和は続くと述べました。

ところが、二〇二四年二月の消費者物価上昇率（ＣＰＩ）は二・八％と目標値の二％を上回っています。二〇二二年四月以降ほぼ二年間こうしたインフレ状況が続いています。繰り返しますが、本来のリフレ派ならば、デフレ脱却が達成されたら金融緩和をやめるべきです。ＭＭＴ（現代金融理論）ならば、増税に転じなければならないはずです。しかし、彼らは自らの理論的破綻に目をつむり、なおも物価を上げる金融拡大と財政出動を続けざるをえなくなっているのです。

インフレ（物価上昇）になっているにもかかわらず、財務省も物価を上げるアベノミクスの政策的枠組みから抜け出られなくなっています。財務省は増税でもなく歳出削減でもなく、事実上「インフレ課税」路線をとっています。インフレ課税とは、インフレで財政赤字を目減りさせる政策をいいます。たとえば、一〇〇〇兆円を超える財政赤字があるとして、一〇％の物価上昇があったとすれば、財政赤字の実質価値は九〇〇兆円に目減りしていきます。さらに言えば、円安インフレの下で、税率を上げなくても消費税や所得税などの実質増収を図ることができます。

先に見たように、日銀も実質的には円安インフレを誘導する政策をとっています。円安になれば、輸出する大手企業の利益は膨らみ、株価は上昇します。大手企業は株の配当や自社株買いといった株主還元を圧倒的に増やしていますが、ある程度賃上げもできます。ところが、大半の中小企業や農業者は十分な賃上げもできません。非正規労働者を含む一般国民はインフレに苦しみます。このようにして賃上げ格差が広がり、実質賃金はずっとマイナスが続きます。そして植田日銀総裁が言う「賃金と物価上昇の好循環」はなかなか実現しないために、日銀は金融緩和を続けることになるのです。問題は、その間に、「ゆでガエル」状態（カエルは熱湯に入れると跳びはねて出ますが、ゆっくり熱湯にしていくと「ゆでガエル」になって死んでいくというたとえ）が永遠に続き、イノベーションは進まず、産業衰退が止まらないことです。

◇政治的な株価操作

バブル期には「今だけ、金だけ、自分だけ」という社会的な雰囲気が蔓延し、おかしいことばかりなのに止まらなくなります。そしてバブル経済期にはモラルが壊れ、政治腐敗が起きます。一九八〇年代末のバブル経済期にもリクルート事件という巨額の汚職事件が起きました。その点では、二〇二三年一〇月以降に、いわゆる裏金問題が大きく問題になってきており、状況は非常に似ています。本来、政治資金規正法では企業献金が政治家個人に寄付することは禁止されていますが、政党や政党の資金管理団体への寄付は認められているという抜け道（しかも二〇万円以下は公開しなくてもよい）が作られており、それを利用して派閥のパーティーへのノルマを超える分を議員個人にキックバックされていました。しかもそれが議員個人の政治資金収支報告書に記載されておらず、裏金として「自由」に使えるお金になっていました。リクルート事件よりも状況が悪いのは、一〇億円近い資金が裏金として一〇〇人近い自民党議員に配分されているにもかかわらず、ただちに検察も国会も法律違反に問うことができなかったことです。

三〇年前のバブルと違って、同じ株価の上昇でも、政府と日銀が、政治腐敗が暴露されて政権の支持率が低下するたびに株価を支える政策をとっていることです。安倍晋三政権になって以降、株価を政治的に歪《ゆが》める動きはひどくなってきました。

日銀関係者は公式には否定すると思いますが、実際に、安倍政権では内閣支持率が下落するたびに、株価支持のために日銀によるＥＴＦ（指数連動型上場株式投資信託）の購入が増えていきました。先進国としては異例の措置です。一九九七年の金融危機と国際会計基準（時価会計）の導入以降、実は株価と内閣支持率は連動するようになり、第一次安倍内閣が崩壊する二〇〇七年九月も、株価が下落して政権崩壊の引き金を引きました。第二次安倍政権になって同じ轍《てつ》を踏むまいと、日銀による株買いを拡大していったと考えられます。

図14を見てみましょう。二〇一五年に集団的自衛権を閣議決定して安保法を「強行採決」した際に、内閣支持率が低下しました。これに対して日銀はＥＴＦの購入を拡大させました。次に森友学園の国有地売却問題、加計学園の国家戦略特区指定などの不正が次々と露呈された二〇一七～一八年も内閣支持率が低下しましたが、この時も日銀はＥＴＦ購入を

図 14　日銀による ETF 購入額の推移

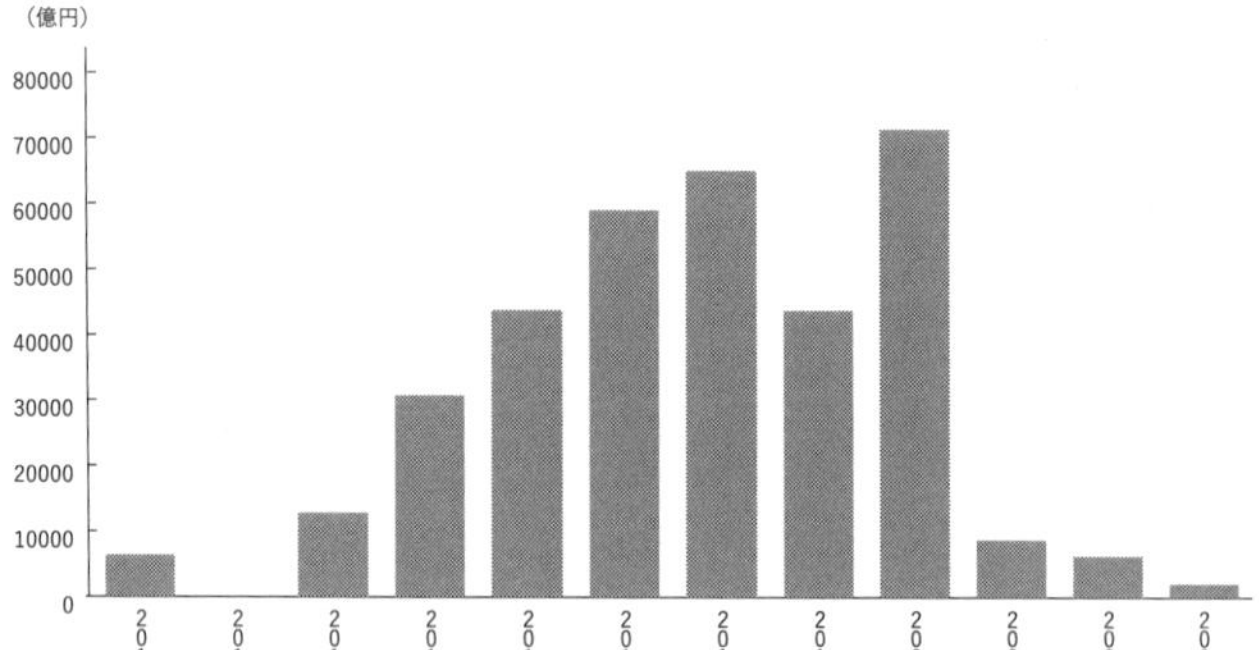

出所：日銀「ETF と J-REIT の買入結果ならびに ETF の貸付結果」より作成

拡大させました。その後、いったんＥＴＦ購入は減りましたが、二〇二〇年にアベノマスクで典型的に見られるように安倍政権が新型コロナウイルスへの対応に失敗し、再び内閣支持率が下落して、日銀はＥＴＦ購入を拡大させました。そして、それをきっかけに株価が上昇しました。

ちなみに、二〇一五年以降、一つの番組で政治的バランスをとるべきだとする放送法解釈変更で、テレビメディアに介入し、御用評論家ばかりを並べて「野党は批判ばかりしている」「もっとやるべきことがある」といった言説を垂れ流し、安倍政権は森友・加計・桜を見る会の疑惑追及をかわし、世論を鎮静化させるのに「成功」していきました。それが後になって、約一〇億円の裏金を約一〇〇人

図15　貯蓄現在高階級別世帯分布
-2022 年（2人以上世帯）

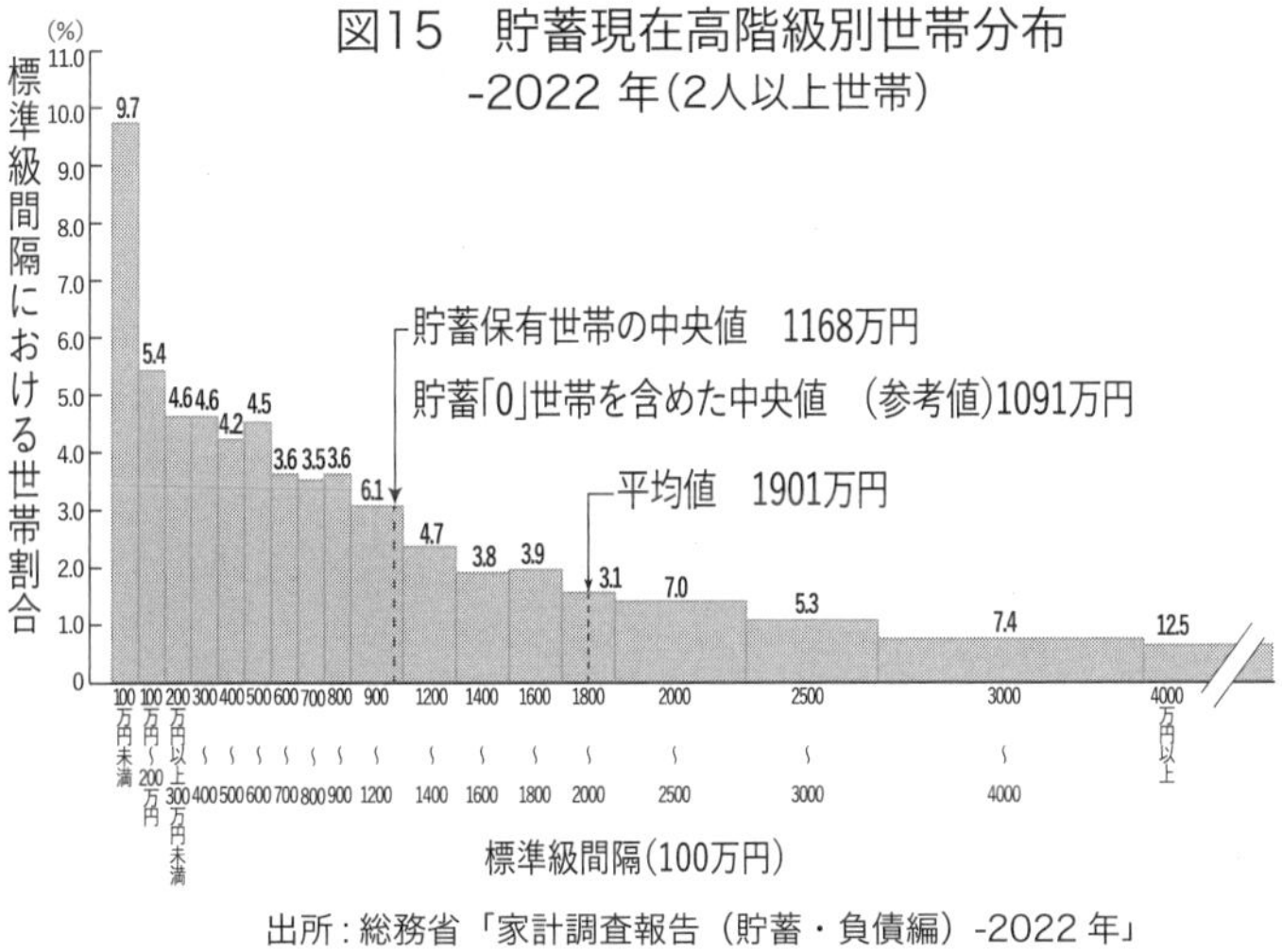

出所：総務省「家計調査報告（貯蓄・負債編）-2022 年」
https://www.stat.go.jp/data/sav/sokuhou/nen/pdf/2022_gai2.pdf

で分け合うという巨大なキックバック裏金疑獄を作り出していったのです。

裏金問題が表面化すると、岸田首相も安倍元首相と同じように株価維持政策を使い出しました。ただし日銀のETF購入と違って、株関連投資に関して一八〇〇万円の非課税枠を設けた新NISA（ニーサ）を設けて、株価を引き上げようとしています。

しかし、それは明らかに金持ち優遇政策です。二〇二二年の総務省の「家計調査報告」によれば、二人以上の世帯の平均貯蓄残高は一九〇一万円で、三分の二の世帯はそれ以下の貯蓄額しか持ちません（図15、前頁参照）。つまり一八〇〇万円の非課税枠はほぼ平均貯蓄残高に照応していますが、株式投資に対する非課税枠を一八〇〇万円に飛躍的に拡大する新NISAは、三分の一の世帯を対象にした「中高所得層」優遇政策なのです。

政府は社会保障削減政策を続け、老後は自分で二〇〇〇万円の貯蓄をためようとする「自己責任」の考え方をとってきました。この一八〇〇万円非課税枠は、こうした政策に対応していると考えられます。それは、当初、金融所得課税の「一億円の壁」を超えて増税すべきとしていた岸田政権の分配重視の「新しい資本主義」とは全く正反対の政策になっています。政府をあげて新NISAキャンペーンを行っていますが、それは政治的公平に重大な疑いを生じさせるとともに、格差拡大をもたらす税制優遇措置であり、かつ人為的にバブルを作り出すやり方なのです。

◇バブル崩壊の危険性

では、経済衰退の下で、日本株はいつまでも上昇を続けることができるでしょうか。

株価上昇が円安を背景にした外国人投資家の投資に大きく依存している以上、円安が修正されるとバブルが崩壊するきっかけになりえます。貿易赤字が定着した実体経済の弱さが円安の背景なのですが、アメリカのＦＲＢ（連邦準備制度）の利下げが起き、日米金利差が縮小したことを契機に円安が修正する動きが出れば、日本株の価格は急落する可能性があります。当初は、二〇二四年後半と言われていましたが、もう少し先になりそうです。あるいはアメリカの商業用不動産の価格下落が続いていますが、もしアメリカで高止まりしている住宅のバブルが崩壊していった場合、日本への波及も避けられないでしょう。

円安と日銀のＥＴＦ購入による株価上昇は、日銀が保有するＥＴＦの総額が時価（市場の価格）で約七〇兆円に膨らんでおり、簿価（帳簿上の購入価額）が三七・二兆円に対し、含み益（未実現の値上がり益）は約三三兆円に達していることによるものです。日銀のバランスシート上の黒字はこの株高に大きく依存しています。それゆえに日銀は保有するＥＴＦを売るに売れません。実際に日銀がＥＴＦを売れば、株価が下落して含み益が減ってしまうからです。

さらに、もし金利が大きく上昇したら、バブルが崩壊して株の含み益が消失するのに加え、約六〇〇兆円もある日銀保有国債に含み損が発生します。日銀のバランスシートの資産側は大きく傷ついてしまうでしょう。他方で、バランスシートの負債側では当座預金の付利（金利）を引き上げざるをえなくなった場合、日銀はフローの資金の流れで見ても債務超過に陥ってしまうでしょう。

誰も正確には予想できませんが、日本の円安バブルがはじけると、円の価値が乱高下してボラティリティ（価格の浮動性）が激しくなる危険性があります。そこでは中央銀行である日銀が深刻な危機になるかもしれません。それほど日銀は動きがとれない状況に陥っています。

◇産業衰退が日本経済を破綻させる

日本経済の危機はバブルが崩壊するケースだけではありません。中長期的には産業の衰退が国際収支の悪化をもたらし、それが財政破綻を導くケースもあるからです。

政策的に破綻したリフレ派やMMTは、インフレになってしまい、理論的に破綻した政策を正当化しようと必死になります。彼らは、経済的困難を単純化して、インフレ課税路線をとっているにもかかわらず、財務省が増税を企んでいるといった陰謀論で権力を叩き、これ一発でよくなるという「わかりやすい」言説を展開する傾向があります。起きている現実を注意深く観察することを怠って、目先の都合の良い「現実」だけを抜き出して、一方的に楽観的見通しを語ります。しかし、そうすればそうするほど、経済は悪化していきます。

高校生のみなさんは、こうした単純で扇情的な言説には、気をつけないといけません。こうした言説の根拠を疑い、嘘にだまされないためには、現実に起きている複雑な事象の背後で働いているメカニズム（仕組み）を見抜くことが大事です。そのうえで、中期的な視野に立って最悪のリスクを考えて、それを防ぎながら、どこから反転していくのかという戦略的な思考法が不可欠になってきます。

先述したように、安倍晋三政権は経産官僚が支え、財務省をたたくことで財政規律を壊していきました。その結果、アベノミクスは、経産省による産業政策の失敗を正当化しながら、出口を失って財政赤字の膨張と金融緩和を続けざるをえなくなりました。そしてインフレになっても、物価を上げるデフレ対策の枠組みを続ける支離滅裂に陥っています。そして円安インフレをもたらし、それが大企業に未曾有《みぞう》の利益をもたらす一方で、中小企業や農業者や非正規労働者などを苦しめています。そして、これまで以上に、取り返しがつかないほど産業を衰退させていきます。それは、もはや目先ではごまかしが効かず、産業衰退を反転させ経済を復活させるには時間がかかるようになっています。

再び図6（53頁）を見てみましょう。リーマンショックと東日本大震災を契機に、貿易赤字が定着しつつあります。リーマンショックでは世界的な金融危機が起きたために、日本に資金が逃げ込んできて円高になり、円高を回避するためにアジア諸国へと工場が逃げ出し、産業の空洞化が起きました。それだけでも貿易黒字が減っていきます。それに加えて、イノベーションが起きて次々と先端産業が生まれているのに、日本はそれについていけなくなっています。

二〇二二年になって急激な円安が進みはじめると、貿易赤字が膨らみ出しました。これまでなら、円安によって輸出が大きく伸びて輸入をカバーすることができたはずですが、逆の結果になりました。二〇二二年度の貿易赤字は過去最大の二一・七兆円に膨らんだのです。貿易赤字の中身を見ると、情報通信産業によるデジタル赤字が四・七兆円、医薬品の貿易赤字は四・六兆円、化石燃料の価格上昇のために鉱物性資源の輸入額は三五・二兆円になりました。日本は先端産業分野（情報通信産業、医薬品、再生可能エネルギーと蓄電池など）で遅れ、輸出は「自動車一本足打法」と言われるような状況に陥っています。

もちろん貿易収支が赤字でも、海外投資の収益を示す所得収支が黒字で、貿易赤字をカバーしているかぎり経常収支は黒字になります。ところが、経常収支が赤字になると、国内で財政赤字を支えきれなくなります。経済全体で見ると、〈民間貯蓄＝財政赤字＋経常黒字〉という恒等式が成り立ちます。この式が意味することは、「財政赤字」のために発行する国債は、家計や企業が蓄える「民間貯蓄」と「経常黒字」で消化するということです。

日本のように、少子高齢化が進むと、しだいに「民間貯蓄」が減っていきます。いまは企業の内部留保が膨らんでいますが、やがて国際競争力が低下していけば、それもピークアウトするでしょう。さらに「経常収支」が赤字になってしまうと、日本の国内で国債を買うことはできなくなり、外国人投資家に買ってもらわないといけなくなります。

もちろん外国人投資家が安心して日本国債を持っているかぎり、財政危機にはなりません。問題は、日本政府や日本銀行の信用がなくなったとたんに起きます。外国人投資家は日本国債を売り、円も投げ売りになってしまうでしょう。急激な円安に伴って物価が上昇し、国債価格が低下して金利が上昇してしまい、経済危機になってしまいます。ひどい場合には、デフォルト（債務危機）ないしはデフォルト寸前の状況に陥ることになります。そういう危機は起きないだろうと思いがちですが、経済の衰退を食い止められないと、現実化してしまいます。つい最近でも、二〇二二年九月にイギリスのトラス政権が、大幅減税を打ち出したとたん、あっというまに国債やポンドが急激に下落し、五〇日足らずで政権が崩壊してしまいました。

こうした事態をふせぐには、恒久的税源もないままの無謀な防衛費膨張を止めることが大事ですが、同時に先に見たマクロバランス（経済全体の投資と貯蓄とのバランス）を一つ一つ回復する方策をとらないといけません。まず「民間貯蓄」の減少を防ぐには、急速な少子高齢化を止めないといけません。そのためには、子どもを産めるような十分な仕事と賃金が保障される社会を作らないといけません。格差を作らないために教育と医療の家計負担をできるだけ減らして、保障しないといけません。

次に「貿易赤字」を減らすには、輸入を減らし、輸出を増やすことが必要になります。まず輸入を減らすには、自然エネルギーと食料の自給率を高めないといけません。そして自然エネルギーと食料を増やすには地域経済を強くしないといけません。輸出を増やすには、産業衰退を止めないといけませんが、科学技術や教育に予算をつぎ込み、人に投資して人を育てないといけません。そして政治献金を出す企業だけを優遇する公正さに欠ける仕組み、古い産業を保護するだけの仕組みを変え、新しい産業が生まれるフェアな仕組みに作り替えないといけません。いずれの方策も時間がかかるので、社会全体で危機感を持ち、問題意識を共有することが不可欠になっています。

第五章　子どもを産める社会にする

◇人口減少は止まらない

人口減少が止まりません。図16（次頁）が示すように、その勢いは年々増しており、まるで遊園地のフリーフォールのようです。総務省の人口推計（二〇二三年一〇月一日）によれば、日本人は前年より八八万七〇〇〇人（外国人を含めると五九万九〇〇〇人）も減り、一二年連続で過去最大の減少幅を更新しました。一方、七五歳以上の人口は初めて二〇〇〇万人台を超えました。

二〇二三年の出生数は前年から五・一％も減って七五万八六三一人になり、国立社会保障・

人口問題研究所の予測より二年も早まっています。来年以降に発表される日本人だけの出生数は七〇万人台前半へと落ち込むことは確実な情勢です。実際、結婚したカップル（婚姻）数は四八万九二八一組と、戦後初めて五〇万組を割りました。

　高校生のみなさんは結婚について差し迫って考える必要はないのでまだ実感がないと思いますが、ＮＨＫ放送文化研究所の「社会と暮らしに関する意識調査」（二〇二二年実施）という調査があります。この調査によると、「人は結婚するのが当たり前だ」に近いが八・六％、どちらかといえば「人は結婚するのが当たり前だ」の二七・二％と合わせて三五・八％です。それに対して、「必ずしも結婚する必要ない」に近いが二二・三％、どちらかといえば「必ずしも結婚する必要ない」が三九・七％で合わせて六二％と約三分の二を占め

図 16　日本の総人口の推移

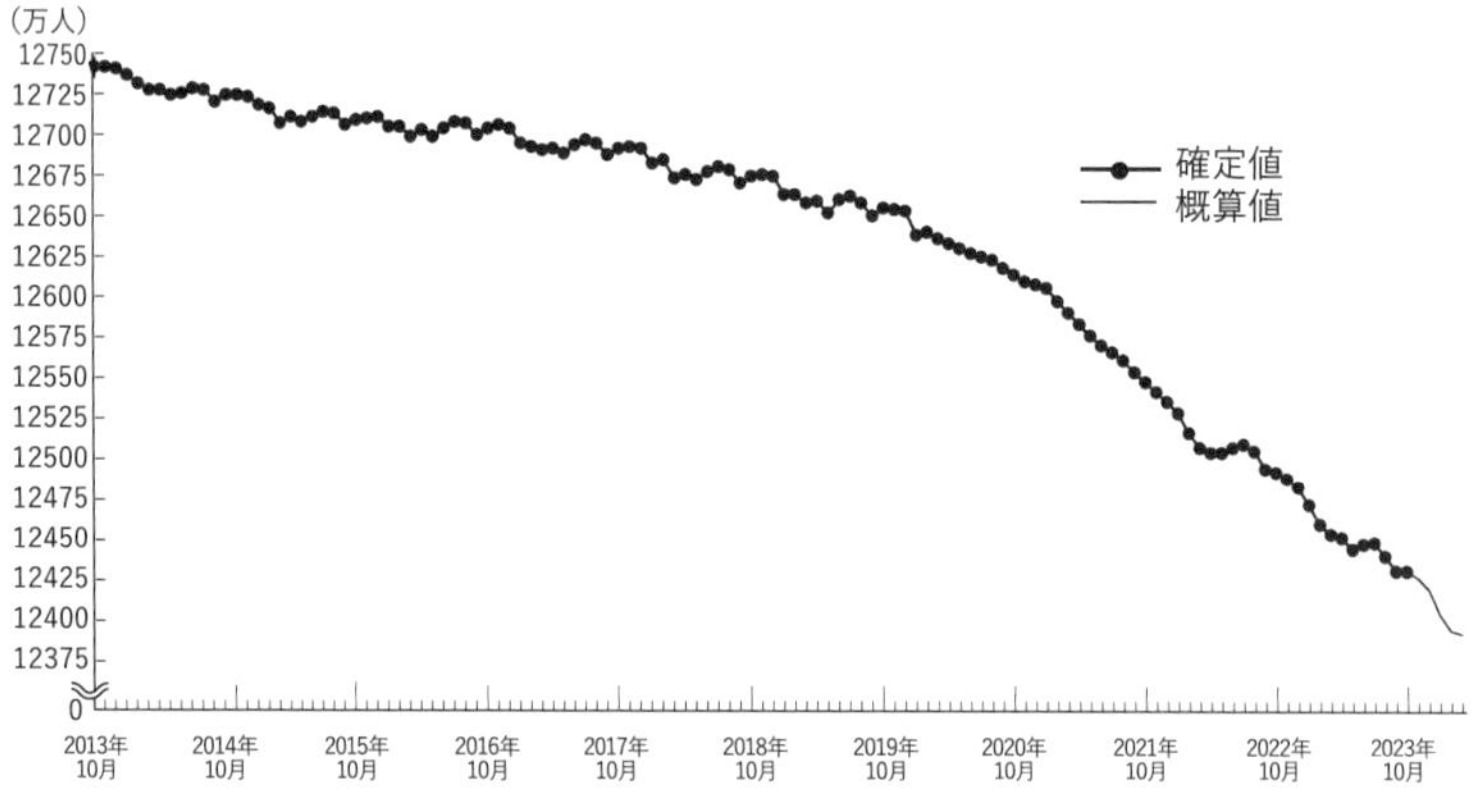

出所：総務省「人口推計」2023 年 10 月確報値、24 年 3 月概算値
https://www.stat.go.jp/data/jinsui/new.html

ています。

次に、「結婚したら、子どもを持つのが当たり前だ」に近いが七・八%、どちらかといえば「結婚したら、子どもを持つのが当たり前だ」が二八%で合わせて三五・八%です。これに対して「結婚しても、必ずしも子どもを持たなくてよい」に近いが二三・七%、どちらかといえば「結婚しても、必ずしも子どもを持たなくてよい」が三八・二%で合わせて六一・九%と、子どもを持たなくてもよい人が約三分の二を占めています。結婚する意思も子どもを持つ意思も非常に弱まっています。

◇世代間対立を煽るだけではすまない

無理して結婚しなくてもよい、あるいは無理して子どもを作らなくてもよいというのは、あくまで個人の考えとしては自由ですが、社会全体ではいろいろな問題を起こします。たしかに社会全体でも人口減少してもいいじゃないかと主張する人がいます。抽象的に考えれば、もっともらしく聞こえます。では人口が急速に減ると、なぜ問題なのでしょうか。そもそも、そこから考えないといけないのかもしれません。

すぐに思いつく問題は、年金制度や健康保険制度などの社会保障制度が壊れてしまうことです。社会は、年金制度や健康保険制度など世代間、世代内の支え合いで成り立っています。どうしてもリタイア（退職）したお年寄りは、年金や医療介護サービスの受給者になります。その一方で、若くて働いている現役世代が社会保障費の負担者になりますので、若い世代が少なくなると、社会保障費の負担能力が限られてしまいます。もちろん若い人もいずれ年金や医療介護サービスを受けなければならなくなります。この世代間の連帯が繰り返されて世の中は回っていきます。しかし、若い世代が結婚も出産もできずに、急激に少子化が進むと、負担する人が少なくなってしまい、社会保障制度がもたなくなってしまいます。

だからといって、世代間対立を煽っても問題は解決しません。若い世代だけでなく、高齢者も格差拡大が深刻になっているからです。とくに高齢女性の単身者は年金支給額が少なく、貧困に陥るケースが多くなっています。高齢者福祉を削っていくと、高齢者の貧困が深刻になってしまいます。それはブーメランのように若い世代に跳ね返ってきます。高齢者のケアのために仕事を辞めざるをえなくなるヤングケアラーを増やすからです。さらに若い世代内でも、社会福祉の削減は、非正規労働者、シングルマザーなどの生活を困難に陥れていくでしょう。社会保障は世代間だけでなく世代内部でも支え合う関係を作り出しています。

年金について、若い世代の利益を守るために、若い時に自分で積み立てた年金保険料を将来支払う積立方式にすべきだという議論があります。しかし、問題は簡単ではありません。これでは現役世代の所得格差をそのまま未来にも持ち込むことになり、最低所得を保証できないことも起こりえます。また長い期間に安定的な利回りを保証できない可能性もあります。そして何より、現行の年金制度を維持しながら、新たな積立年金を作ろうとすると、保険料を二重に支払わないといけなくなります。年金を含めて社会保障制度は、良くも悪くも世代間だけでなく世代内の連帯の継続でできているのです。

◇人口減少は基盤産業を壊す

次に人口減少が激しいと、担い手が不足していく分野が出てきます。日本の企業数の九割をはるかに超える中小企業では、後継者が不足して廃業が多数出ています。東京商工リサーチによれば、二〇二三年の中小企業の「休廃業・解散」は過去最多の四万九七八八件に達しました。赤字率も四七・六％と過去最悪でした。企業倒産も八六九〇件(前年比三五・一％増えました)と大幅に増加しており、休廃業・解散と倒産を合算した「退出企業」は五万八四七八（同四・三％増）に上ります。経営者の高齢化とともに後継者がなく休廃業・解散も数多く出ています。

地域の基盤産業である農業や漁業も同じです。農林業センサスによれば、基幹的農業従事者数は二〇〇五年には二二四万人いたのに、二〇二〇年には一三六万人まで減少しています。図17によれば、二〇二〇年には農業従事者の約七割が六五歳以上になっていることを示しています。

　二〇二四年の通常国会では「食料・農業・農村基本法の見直し」が行われています。基本法は農業の基本政策を決める法律で、一九六一年の農業基本法、一九九九年の食料・農業・農村基本法について戦後三度目の基本法の改正になります。今回の「基本法」見直しの背景について、農水省はロシアのウクライナ侵略で穀物が高騰し、食料を確保することが必要だと言います。しかし、人口減少の深刻さが正面に取り上げられているとは言いがたく、チグハグな記述になっています。

　たとえば、農業の生産性向上と農村コミュニティの維持が並列されていますが、両者の間には矛盾があります。今の農村では、少子

図 17　年齢階層別基幹的農業従事者数

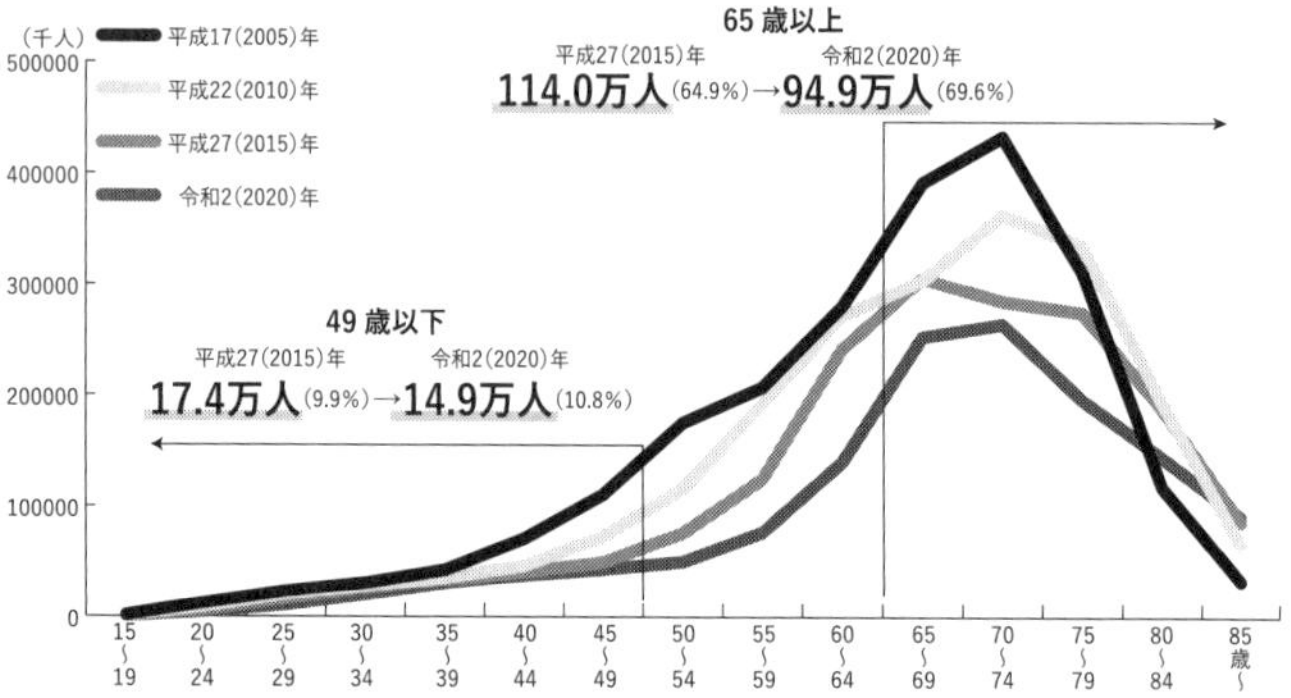

資料：農林水産省「農林業センサス」、「2010年世界農林業センサス」(組替集計)
注：1) 各年2月1日時点の数値
2) 平成17(2005)年の基幹的農業従事者は販売農家の数値

出所：農水省「農林業センサス 2020 年」
https://www.maff.go.jp/j/wpaper/w_maff/r3/r3_h/trend/part1/chap1/c1_1_01.html

高齢化と担い手不足のために農地が集約され、耕作規模がしだいに拡大してきました。これまで農水省が推進してきた規模拡大による生産性向上が行われています。そして、その両立のためにスマート農業（農機具の自動運転など情報通信技術を使った機械の活用）の推進と農村インフラの機能の確保が打ち出されています。つまり生産性を上げるために、大手機械メーカーによる農業機械販売と結びついたスマート農業の推進、あるいは集落機能を活用した土地集積の調整や土地改良区による農業用水の維持があげられていますが、これらは農村人口の減少に応じて農業を維持する手段にすぎず、農村人口の激減自体を防ぐことはできません。後で述べますが、雇用や教育（とくに高校）や病院がなくなると、農村人口は急速に減少していきます。このままでは規模拡大が困難な中山間地から農村が消滅していかざるをえないでしょう。

他方で、基本法見直しでは、「みどりの食料システム戦略」で化学肥料削減や有機農業（化学肥料や農薬を使わず微生物活性などを利用した農業）の推進が打ち出されています。しかし、一部機械化でカバーできるとしても、有機農業は手間暇がかかるので、簡単には機械化や農業経営の大規模化とは両立できません。ところが、政府には地元農業と関係した新たな食品加工業を創出するために、有機農業者を組織して一定のロット（同じ品質の農産物）を確保しつつ、同時に安全基準に基づいたトレーサビリティ（原料の調達から生産、消費または廃棄まで追跡可能な状態にすること）と表示ルールを確立するなどの体系的な政策プログラムはありません。

おそらく農業は担い手の高齢化とともに、深刻な人口減少によって地域の衰退をもたらし、それがまた農業の衰退を招くというように、ダッチロール（きりもみ状）になって全国の農村と農業は墜落しかねません。それはやがて輸入の途絶や激しい気候変動などが起きた場合に食料危機を招いていくでしょう。

◇高齢化と地域崩壊

地域福祉の崩壊も深刻です。介護保険事業の介護労働者の人数を見ると、二〇二五年には約三二万人不足し、二〇四〇年には約六九万人が不足すると予測されています（図18）。介護保険制度は制度として存在していますが、やがて実質的に自由にサービスを選べる制度ではなくなり、

図18　介護労働者の必要数と不足数

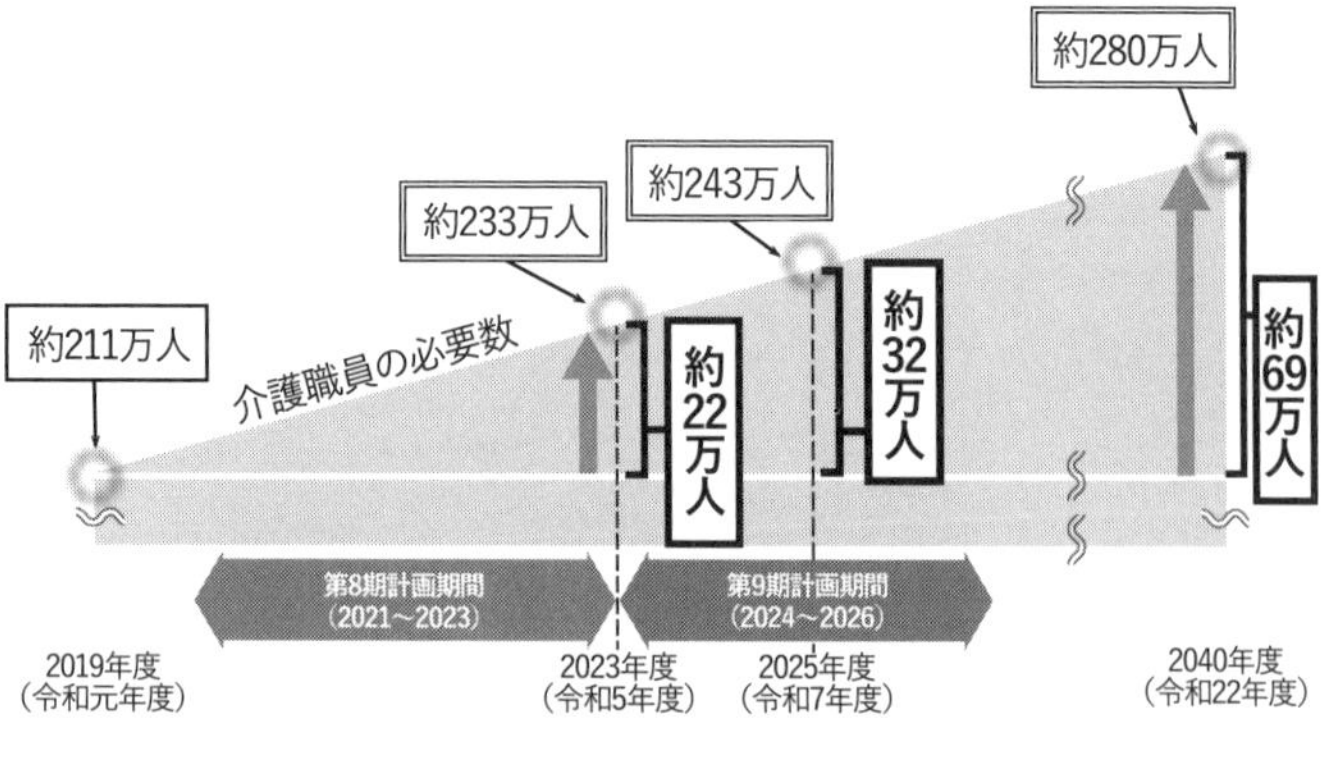

出所：厚労省「第８期介護保険事業計画に基づく介護人材の必要数について」2021年７月３日より
https://www.mhlw.go.jp/stf/newpage_02977.htm

図19　高齢化率でみる地域人口(65歳以上人口)

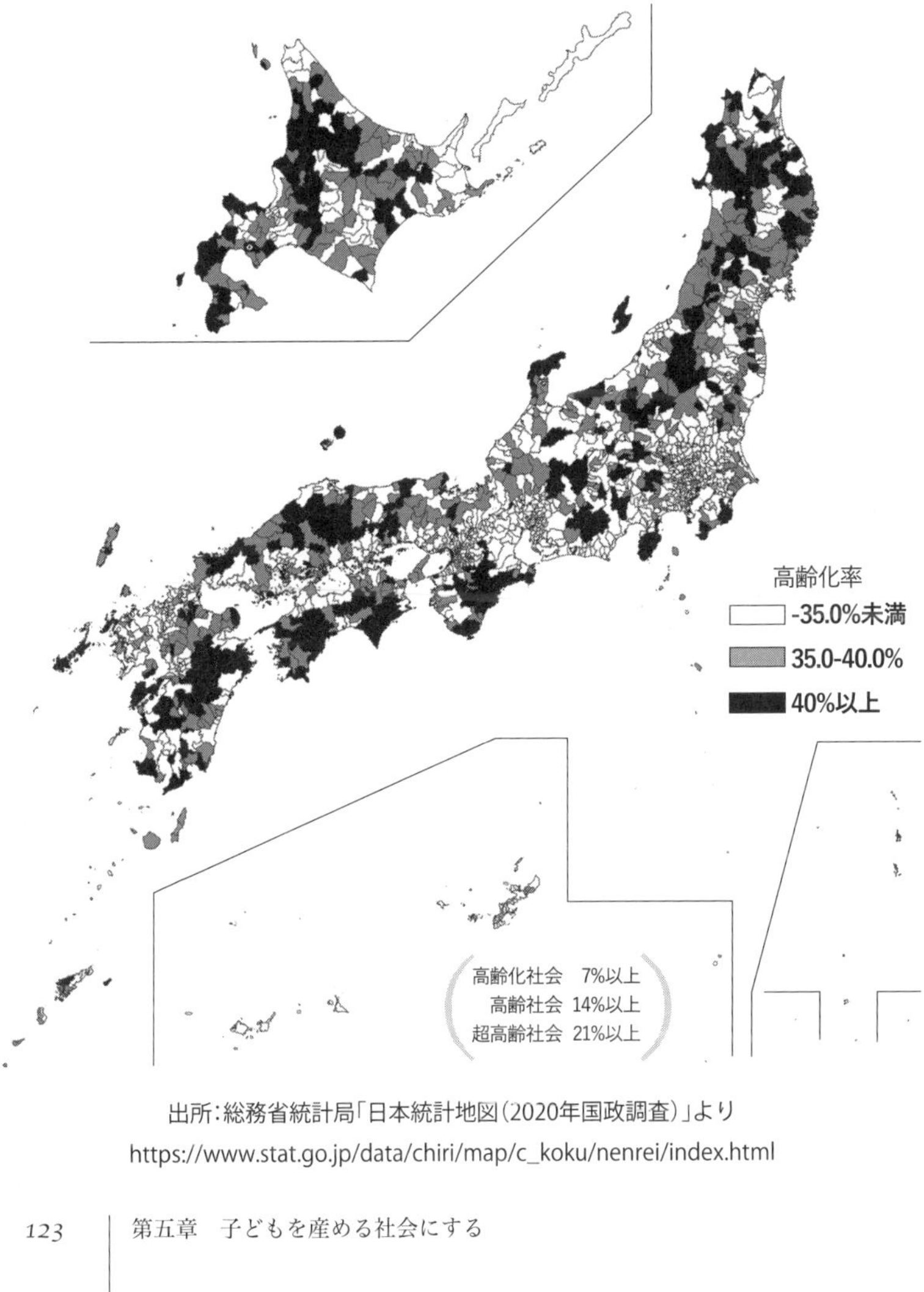

出所:総務省統計局「日本統計地図(2020年国勢調査)」より
https://www.stat.go.jp/data/chiri/map/c_koku/nenrei/index.html

お金がないと、老後に介護サービスも受けられなくなる可能性があります。現状では、介護労働者は低賃金で離職率が高く、とくに訪問サービスでは高齢女性の非正規労働が多いとされています。

産業や社会福祉サービスだけではありません。図19（前頁）は、市町村別に見た六五歳以上の人口分布を示しています。これを見ると、高齢化率が四〇%以上の市町村が[redacted]色、三五～四〇%が色になっています。中山間地では地域そのものの崩壊が起きています。

産業と雇用がなくなれば、若い人は雇用のある大都市に流出していきます。公共サービスにはスケールメリット（顧客が多いほど費用が逓減《ていげん》する「規模の経済」）が働きますので、人口減少とともに病院や学校（とくに高校）がなくなっていきます。病院がなくなれば、持病を持つ高齢者が住めなくなり、若い夫婦は子どもが産めなくなります。学校とくに高校がなくなれば、中学生の時に故郷を出ていかざるをえません。そして人口が減れば、消費も減少していくので、商店や中小零細企業もなくなっていきます。地域が生き残るために必要な仕事と所得の確保、教育サービスや医療サービスの確保など、実際に直面する問題を避けずに議論すべきです。

だからと言って、大都市・中都市に移り住めばよいというわけではありません。コンパクトシティ（中心部に公共インフラを集め、人口を都心部にまとめていく方式）を作り、そのための公共事業をすれば、人口減少の対策になるという国土交通省グループの〈地方消滅〉論という主張では、問題の根本的な解決にはなりません。それは、山林の崩壊で土砂崩れが起きるのを防ぐ砂防ダムと同じです。林業が成り立たなくなって山林が荒れ、山の保水力がなくなると土砂が崩れて砂防ダムにたまっていきます。しかし土砂崩れが防げるのは一時的です。これでは公共事業を作り出す中央官庁の発想から一歩も抜け出せていません。

合計特殊出生率（一人の女性が出産可能な一五〜四九歳の出生率の合計）で見ると、東京都の一・一五％を筆頭に大都市地域ほど低いのです。若い人が地方から出ていき、出生率が低い大都市に吸収されていくことで、人口減少を加速していきます。自然エネルギーや地域の農業を切り捨ててきた政策を根本的に改めない限り、地域衰退は止まらず、日本は急速に社会が縮んでいくでしょう。エネルギーや農業などの産業を育てて、地域分散ネットワーク型の経済を作り、病院や学校などの公共サービスを維持していくという国の政策に、根本的に改めなければなりません。

◇「異次元の少子化対策」は思いつき

遅ればせながら、防衛費倍増政策への批判が強まるにつれて、岸田政権が「異次元の少子化対策」を打ち出しました。あとで検討しますが、一つ一つ見ておきましょう。子育ての経済的支援として以下の①〜⑤の5つ、子育て世帯への支援が⑥〜⑬です。

①児童手当は、所得制限を撤廃《てっぱい》し、支給期間を高校生年代まで延長する。具体的には、全てのこども・子育て世帯へ、〇歳から三歳未満は月額一万五〇〇〇円、三歳から高校生までは月額一万円を給付する。第三子以降は月額三万円を給付する。

②二〇二三年四月から、出産育児一時金を四二万円から五〇万円へ引き上げ、低所得の妊婦への初回産科受診料の費用助成を実施した。二〇二六年度を目途《めど》に、出産費用の保険適用の検討を進める。

③高等教育費の負担軽減について、二〇二四年度に、⑴授業料等減免・給付型奨学金（返済の必要のない奨学金）の多子世帯（こども三人以上を扶養する世帯）や私立理工農系の学生等の中間層への対象拡大、⑵大学院修士段階における授業料後払い制度の創設、⑶貸与《たいよ》型奨学金（在学中に借りて卒業後に返さなければならない奨学金）における毎月の返還額の、減額制度の年収要件等の柔軟化等を行う。二〇二五年度から多子世帯の学生等について、所得制限なく、国が定める一定額まで大学等の授業料・入学金を無償《むしょう》とする。

④いわゆる「年収の壁（一〇六万円・一三〇万円）」を意識せずに働くことができるように、短時間労働者への被用者保険（会社や役所などに正規に雇用されている者が加入する保険）の適用拡大、最低賃金の引上げに引き続き取り組む。

⑤公営住宅等や空き家を活用し、子育て世帯等向けの住宅を今後一〇年間で約三〇万戸用意す

る。こどもの人数に応じて住宅ローン金利を引き下げる制度(フラット35子育てプラス)を開始した。

⑥全ての妊婦《にんぷ》・子育て家庭に「伴走型相談支援」を強化する。お住まいの市区町村にて、(1)妊娠《にんしん》届時、(2)妊娠八ヵ月頃、(3)出産後の三回、面談を行い、一回目と三回目の面談を受けると、合計一〇万円相当のギフトがもらえる。

⑦保育所の職員配置基準について、保育士一人が見る一歳児を六人から五人へ、四・五歳児は三〇人から二五人へと改善する。また、保育士等の処遇改善《しょぐうかいぜん》に取り組む。

⑧働いているかどうかを問わず、時間単位で柔軟に利用できる「こども誰でも通園制度」を創設する。

⑨ひとり親家庭に対し、児童扶養手当の拡充のほか、就業支援、養育費確保支援などを強化する。子育てに困難を抱える世帯やヤングケアラー等への支援を強化するため、こども家庭センターの全国展開を図り、包括的な相談支援体制を構築する。

⑪また、社会的養護《ようご》の質の向上や社会的養護経験者等の自立支援に取り組んでいく。

⑫医療的ケア児について、一時的に預かる環境の整備や保育所等における受入れ体制の整備を進める。

⑬妊婦の方やこども連れの方が窓口で苦労して並ぶことがないよう優先案内や専用レーンを設置するなど、こども・子育てにやさしい社会づくりのための意識改革を広げていく。

しかし、これで先に見た深刻な少子化を本当に防ぐことができるのか。手当のバラマキ政策は効果がきわめて疑わしいものです。とくに子育てに対する経済的支援策として検討を要するのは、①の「児童手当の拡充」、③の「高等教育費の負担軽減」、④の「年収の壁」への対応です。

◇政策効果が疑わしい

まず「異次元の少子化対策」の目玉は①ですが、これは旧民主党政権時代に行われた所得制限抜きの子ども手当と同じです。自民党は旧民主党による所得制限抜きの子ども手当を「ばらまき」だとさんざん批判してきましたが、一切の反省はありません。実際、二〇一三年、政権復帰の時に所得制限つきの元の児童手当に戻しました。図16（116頁）で見たように、その後、少子化が一層進んでしまいました。今さら一五年前の政策に戻しても、手遅れの感をいなめません。

問題はそれだけではありません。

所得制限抜きの児童手当の拡充のための財源調達方法に問題があります。児童手当の適用を高校生まで広げたのはよいのですが、高校生に対しては児童手当拡充の見合いで高校生に対する扶養控除（扶養親族に関して世帯主の所得税を減税する仕組み）を撤廃します。その結果、控除撤廃による損失額のほうが児童手当額よりも上回る事例が発生します。おまけに第三子までの給付額を一万五〇〇〇円から三万円に引き上げるのに必要な予算額約三兆円の財源について、健康保険料に一人あたり五〇〇円を上乗せして、残りはつなぎ国債とします。

しかし、そもそも医療のための健康保険制度から少子化対策の支出を出すこと自体が、社会保障制度を著しく歪めます。比較的財政にゆとりがある大企業の健康保険組合でさえ、二〇二三年度は五六二三億円の赤字、二四年度は六五七六億円の赤字となる見込みです。後期高齢者医療制度への支援金がしだいに増えてきており、健康保険財政から持ち出しにすることは不可能ですが、新たに負担金をとると、給与の天引《てんび》きになるので負担が見えにくい仕組みになっています。増税とはいわれませんが、事実上の「増税」です。

また日本の場合、職業別年齢別に公的医療保険制度が分立しており、負担率が大きく異なります。この支援金の負担金は二〇二六年から徴収を開始し、二〇二八年度に満額に達します。被保険者一人あたり月額保険料を二〇二八年度で見ると、中小企業の従業員らの協会けんぽでは七〇〇円、大企業の社員からなる健保組合では平均八五〇円、公務員の共済組合では九五〇円、七五歳以上の後期高齢者医療制度で三五〇円、自営業者らの国民健康保険では一世帯あたり六〇〇円とばらつきがあります。税金を遣って、各保険の所得ごとの負担金はもっとばらついています。少なくとも同じ年収で保険料が一律になっていません。この負担のばらつきは非常に不合理で、政策的に見て正当な根拠はありません。しかも保険料負担をあらわす「一人あたり保険料負担」には保険の対象になる赤ちゃんも含まれています。

③の高等教育の無償化ないし負担軽減こそ拡充すべき分野です。欧州では大学の無償化や給付型奨学金が広く行われていますが、この政策では多子世帯（三人以上の子ども）で子どもが同時に大学に進学している場合に限られています。多子世帯でも大学に進学しているのが一人だけではもらえないという不合理な制度です。そもそも学費無償化か給付型奨学金ならいざ知らず、出世払い（授業料後払い制度）や貸与型奨学金返還額における減額制度の年収要件等の柔軟化などは、極めて矮小《わいしょう》な政策で大きな効果を期待することはできません。さらに、子どもの教育費負担軽減では、共稼ぎ世帯や貧困世帯では切実な給食無償化の実施でさえ具体策がないままです。

もう一つ、④の「年収の壁（一〇六万円・一三〇万円）」を意識せずに働けるように補助金を出す仕組みです。まず従業員が一〇〇人を超える企業で週二〇時間を働く主婦パートは、年収一〇六万円以上になると、厚生年金と健康保険に加入するために個人も企業主にも負担が増えるために、労働供給を少なくするように労働時間を抑えます。それを避けるために、労働者一人あたり最大五〇万円を支給します。社会保障負担の増加幅が一年目は賃金の一五％で二〇万円、二年目は賃金の一五％で二〇万円、三年目は賃金の一八％で一〇万円を支給します。また労働時間の延長の時間幅に応じて三〇万円を支給します。一方、従業員が一〇〇人以下の中小企業では、年収一三〇万円以上になると、国民年金・国民健康保険に加入しなければなりませんが、事業者が証明すれば、被扶養者認定が可能になります。

しかし、これがどうして少子化対策になるのかが不明です。むしろ人手不足対策として主婦パートなどに対して、非正規雇用の地位のままで雇い続けるように仕向ける政策です。これは後述するように、子どもを持つ正社員共稼ぎ世帯が増えている実態を無視しています。むしろ女性を本格的に正社員として雇い、夫婦共稼ぎで所得を得られるようにし、そのうえで子どもを産み、育てることができるように大胆に政策を変えていくべきではないでしょうか。だとしたら、少子化対策としてどのような政策をとるべきなのでしょうか。

◇出生動向調査が示すもの

データに基づいて、少子化社会がなぜ生じたかを明らかにし、その原因に対してどのようしたらよいのかについて考えてみたいと思います。物事には原因があって対策があるものです。先に見たように、「人は結婚するのが当たり前」「結婚したら、子どもを持つのが当たり前」という意識が薄れ、「必ずしも結婚する必要はない」「結婚しても、必ずしも子どもを持たなくてよい」という考え方が多数派になっているとしたら、その理由を考えないといけません。

実際には、結婚をするかしないか、さらに子どもを持つか持たないかを人々が決める要因はいろいろと考えられます。直接的には、人々の恋愛観や結婚観の変化があり、女性の高学歴化が結婚や出産に影響を与えるという指摘もあります。結婚の機会の減少という意味では、会社や地域の結びつきの弱まりもあるでしょう。逆にインターネット上のＳＮＳ（ソーシャル・ネットワーク）が出会いの機会を増やしているという調査結果もあります。あるいは少子化には、古い男女役割分業意識が強く残存していることや、子育てに関する公共サービスの不足が影響している可能性もあります。

しかし、どうしても私の専門分野から経済的要因を考えがちであることを率直に認めないといけません。そのことを断ったうえで、データに基づいて結婚や出産における就業継続と雇用形態（正規雇用か非正規雇用か）、あるいは育児休業制度などの傾向を見てみましょう。この点に関して国立社会保障・人口問題研究所の「第一六回出生動向調査」（二〇二一年）は、結婚や子どもの出生に関して興味深い調査結果を提供しています。

いくつかを抜き出してみましょう。

①結婚相手の条件では、男性は女性の経済力を重視または考慮するようになり（一九九二年の二六・七％から二〇二一年の四八・二％に増加）、女性は男性の家事・育児の能力や姿勢を重視す

る割合が大きく上昇しました（一九九七年の四三・六％から二〇二一年の七〇・二％に増加）。

②未婚女性が考える「理想ライフコース」は、出産後も仕事を続ける「両立コース」が前回（二〇一五年）の三二・三％から三四％に増加し、第一六回調査（二〇二一年）で初めて最多となりました。出産で退社して子どもが大きくなって「再就職するコース」や「専業主婦コース」は減少する一方、第一六回調査では「非婚就業（独身で働く）コース」「DINKs（夫婦共稼ぎで子どもなし）コース」を理想とする人も増加しました。男性が自身のパートナーとなる女性に望むライフコースでも「両立コース」が三九・四％に増加し、最多となりまし

図 20　出産後の妻の就業状態

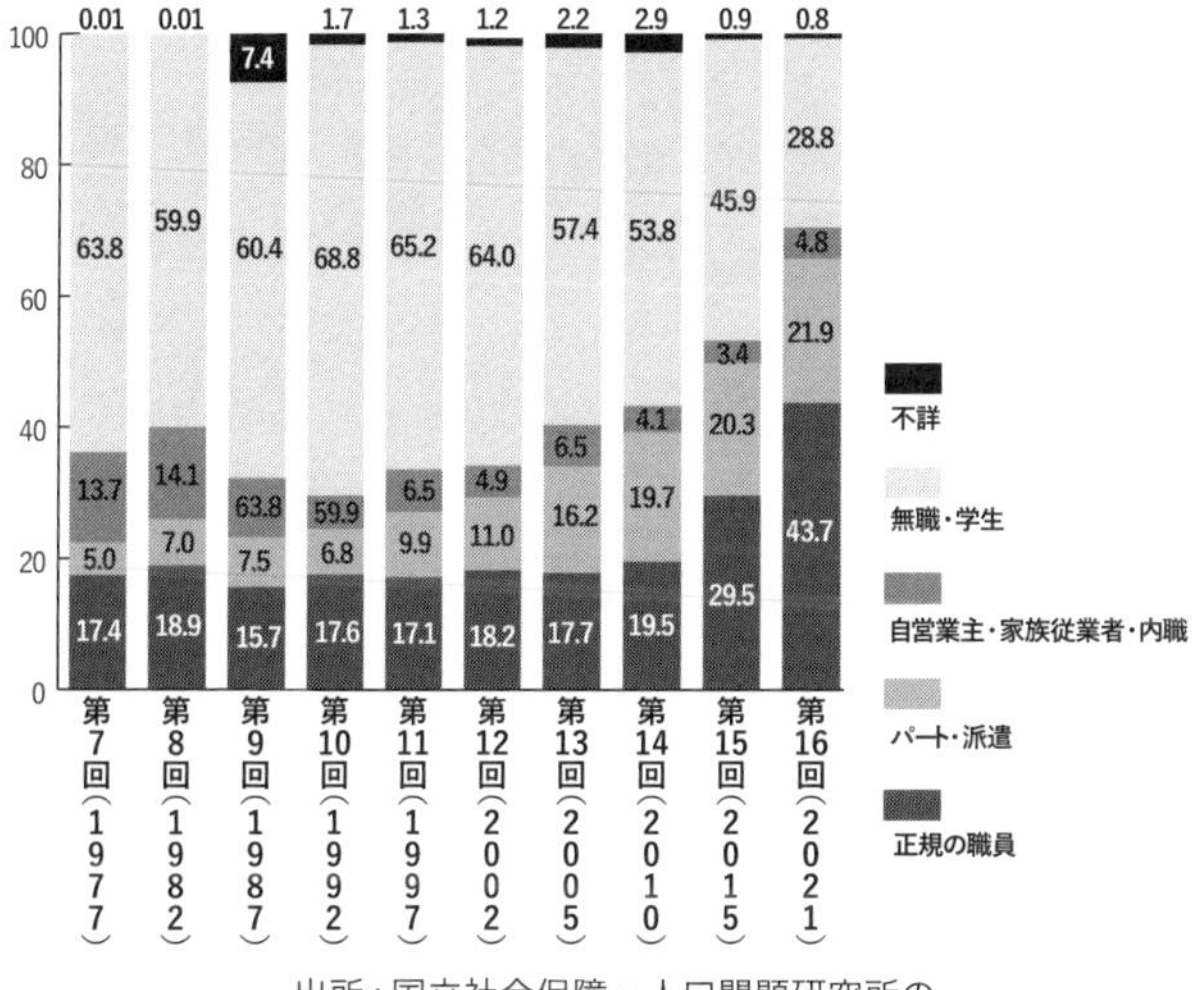

出所：国立社会保障・人口問題研究所の
「第一六回出生動向調査」（2021 年）、83 頁より
https://www.ipss.go.jp/ps-doukou/j/doukou16/JNFS16_Report04.pdf

た。

③第一子の妊娠が分かった時に就業していた妻の就業継続率は、第一子出生年が二〇一〇〜一四年の五七・七％から二〇一五〜一九年の六九・五％へ上昇しました。図20（前頁）を見ると、末子全年齢で子どもの追加予定がある妻の就業継続率は二〇〇二年の三四・一％から二〇二一年には七〇・四％へと倍増しています。正規雇用のまま出産している割合を見ても、二〇〇二年の一八・二％から二〇二一年の四三・七％へと二・四倍に増加しています。

④育児休業制度を利用して就業継続をした妻は、五五・一％を占めています。さらに従業上の地位別にみると、正規雇用である妻では第一子出産前後の就業継続率は、二〇一五〜一九年で八三・四％と高いが、パート・派遣等の非正規雇用の妻では四〇・三％であり、二〇一〇〜一四年の二七・九％から増えていますが、正規雇用と倍以上の差があります。

◇夫婦共稼ぎが当たり前になった

出生動向調査は何を教えてくれているのでしょうか。

かつてM字型雇用といって、妻は出産して退社し、その後に家計補助的に非正規雇用（派遣やパート）として仕事につくのが普通でした。それが次第に育児休暇を利用して正規雇用にとどまる傾向が出てきています。本人が正規雇用にこだわっていることもありますが、前述したように、夫が妻の経済力を期待するようになっていることもあります。四分の一世紀にわたって実質賃金が低下し、リストラや転職する事例が増えてくると、夫の収入だけで結婚したり子どもを産み育てたりするのは難しくなっているからです。家計を安定させるには夫だけでなく妻も正規雇用（正社員）であることが必須になっています。

実際、いくつかの調査研究では、非正規雇用になると、なかなか結婚できません。妻が非正規雇用だとしたら、少なくとも同一労働価値同一賃金（性別や雇用形態にかかわらず、同じ仕事あるいは違う仕事でも同じ価値の労働をしている者は同じ賃金を支払う原則）を保障することが必要になっています。

しかし同時に、依然として女性が出産退社を強いられる遅れた会社がまだ多く、「非婚就業（独身で働く）コース」や「ＤＩＮＫｓ（夫婦共稼ぎで子どもなし）コース」を選ぶ人も増えています。少なくとも子どもを産んでも、女性がキャリアを失わないですむように、会社も社会も女性が出産してもサポートする仕組みを整える必要性がますます増しています。男女とも育児休業をとれる制度、保育所の整備、学校給食、学童保育、あるいはサービス残業など無理な働き方を変える必要があります。自民党は古臭い家族観を持ったカルト教団である旧統一教会と深い関係であったことが問題になりましたが、その呪縛《じゅばく》から解き放たれて、古い男女役割分業意識を変えることが急務です。

これまで見てきたように、出生動向調査から言えることは女性の正規雇用化、あるいは同一労働価値同一賃金を推し進めないと少子化は止まらないということです。これだけ人口減少社会になると、女性に正社員として活躍してもらわなければ、人手不足は解消されず、日本の経済はもたなくなるでしょう。女性を本格的な働き手として受け入れるとしても、それで子どもが産めなくなるようでは、問題は何も解決しません。会社も社会全体も、女性が正社員として働いても子どもを産むことができる環境を整えていく責務があります。

しかし、それだけでは、少子化は止まりません。結婚している夫婦のほとんどが、子どもをもった時の将来の負担が重く、子どもを取り巻く将来の経済的な見通しがよくならないとしたら、簡単には子どもを作れないからです。

◇教育費の負担軽減を

高校生のみなさんにも想像してほしいと思います。君が結婚する時、あるいは結婚して子どもを持とうとした時に、日本はどういう経済的状況になっ

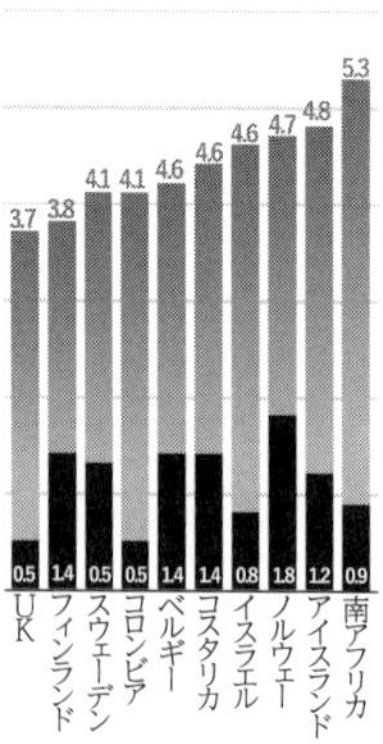

ているでしょうか。あまり明るくはなさそうですけれど、それでは子どもをたくさん作ろうとはしないでしょう。さらに子どもを持った時に、高校の授業料、塾代、参考書代、大学の入学金や授業料、場合によっては下宿代など、どのくらいの経済的負担があるでしょうか。具体的金額は聞いたことはないけれど、お父さんやお母さんに感謝しながら、ある程度その大変さを想像できるでしょう。

そう考えると、経済的に安定的な雇用がなければ結婚はできないだけでなく、教育費を含む子育ての経済的負担が重く、子どもの将来の経済の見通しが暗くては、やはり子どもを持てません。少なくとも、こうした経済的条件が確保できないと、結婚したり子どもを持とうと考えたりしないとしたら、妨げている条件を取り除いていかなければなりません。

図21は、OECD（経済協力開発機構）の四六カ

図 21　対 GDP 比でみた公的教育支出（OECD）

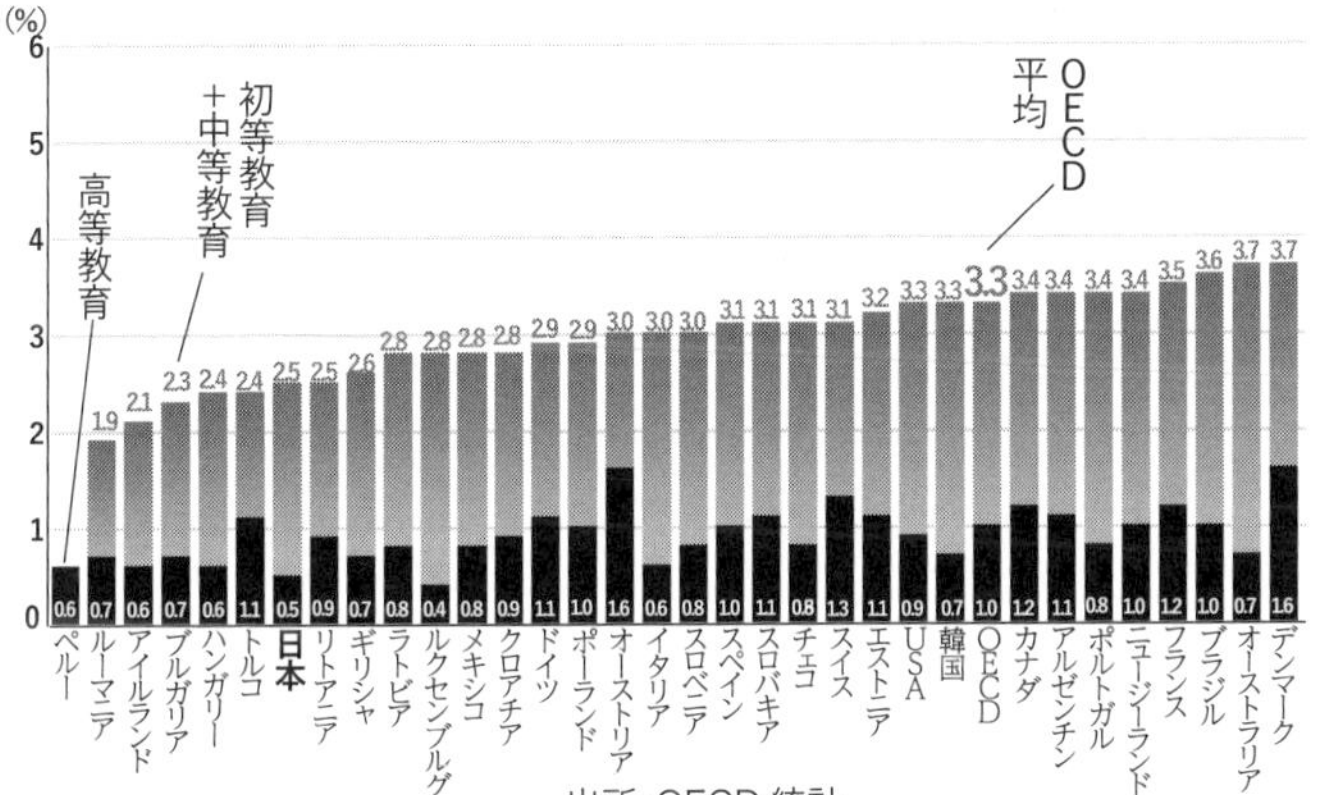

出所 :OECD 統計
https://data.oecd.org/eduresource/public-spending-on-education.htm

国について、対GDP比で見た公的教育支出を示しています。日本は下から七位です。日本の公的教育支出は低すぎます。日本では高校から私立大学の理工系学部に入れると、最低でも一千万円かかります。もちろん塾代や参考書代や生活費などを入れたら、隠れた教育費はもっとかかるでしょう。

これと対照的なのはノルウェー、スウェーデン、フィンランド、デンマークなど北欧諸国です。小学校から大学まで学費は基本的に無償です。教育費の負担が軽ければ、子どもを持つ家計負担は非常に軽くなります。子どもにも平等なチャンスが開かれます。

それだけではありません。北欧諸国では科学技術政策でイノベーション（革新的な技術や発想で社会に新しい価値を生みだすこと）促進の政府支出も非常に高く、小学校から大学まで教育研究水準が非常に優れています。ＩＴ（情報通信）の発達に見られるような知識経済を育成するには、人々の教育水準の向上が重要です。北欧諸国では、スウェーデンのエリクソン（情報通信）、フィンランドのノキア（情報通信）、デンマークのノボノルディスク（医薬品）やオーステッドとベスタス（再生可能エネルギー）など、世界的に有名な知識集約的な大企業も生まれています。北欧諸国というと、高い社会福祉水準で所得再分配を行っているイメージが強いですが、実は教育研究支出の水準が高く、起業支援策も多くイノベーションが盛んに行われています。あらゆる分野で世襲が広がっている日本と違って、所得再分配（所得の高い人から税金をとって所得の低い人たちに分配して平等化する）が高いだけでなく、社会的流動性（所得、学歴、職業など社会階層間での移動性）も非常に高い国々なのです。

教育研究政策という点でも、日本は北欧諸国とまったく逆の道を歩んでいます。小泉政権の下で国立大学の「民営化（独立行政法人化）」が行われ、大学運営交付金は一〇年間、毎年一％も削減してきました。加えて、安倍政権が軍事研究に協力しないと、大学の自治を壊し、日本学術会議を潰しにかかるなどし、大学の教育研究を破壊してきています。そのせいで、大学の研究水準はどんどん落ちてきています。

元の問いに戻ってみましょう。子どもを育てる家計負担が重く、子どもが生きる未来の経済の見通しが暗くては、多くの人が子どもを持つことをためらいます。小中学校の給食の無償化から始まって、大学の学費負担の軽減まで、家計の教育費を大幅に減らしていくことが必要です。同時に、先端的産業を作り出すために大学の自治に基づいて科学技術予算を投入していくことが大事です。

しかし、こうした「人への投資」は実を結ぶのに時間がかかります。北欧のスウェーデンでは、一九三〇年代の大恐慌期に、少子化を望ましくないとして、ミュルダールという経済学者が主張した政策が始まりました。そして教育・住宅・医療などの社会的投資を充実させ、本格的に女性が仕事と家庭を両立できる社会を時間をかけて作ってきました。日本も遅ればせながら、その一歩を踏み出す時が来たのです。

第六章　こんな社会を創りたい

◇もし若者の議会があったら…

高校生のみなさんは、人口減少社会では残念ながら、少数派になっていきます。高齢者がどんどん増えていくのに、子どもの人数はだんだん減っていくからです。ところが、民主主義の社会では一人一票で、一人一人の人間は平等であることが原則です。これだと、高齢者たちの意見ばかり反映されてしまい、若者たちの意見は軽視されてしまいます。おまけに若者たちはあきらめてしまったのか、投票率が低く、そのためにますます意見が反映されなくなっていきます。

図22を見てみましょう。二〇歳代の若者はもともと投票率が低かったのですが、「平成」に入って投票率は急速に低下しており、一九六七年（昭和四二年）には六六・七％と三分の二は投票に行っていたのに、最近では半減して三〇％台に落ち込んでいます。もっと深刻なのは、三〇歳代や四〇

図22　衆議院選挙における年代別投票率

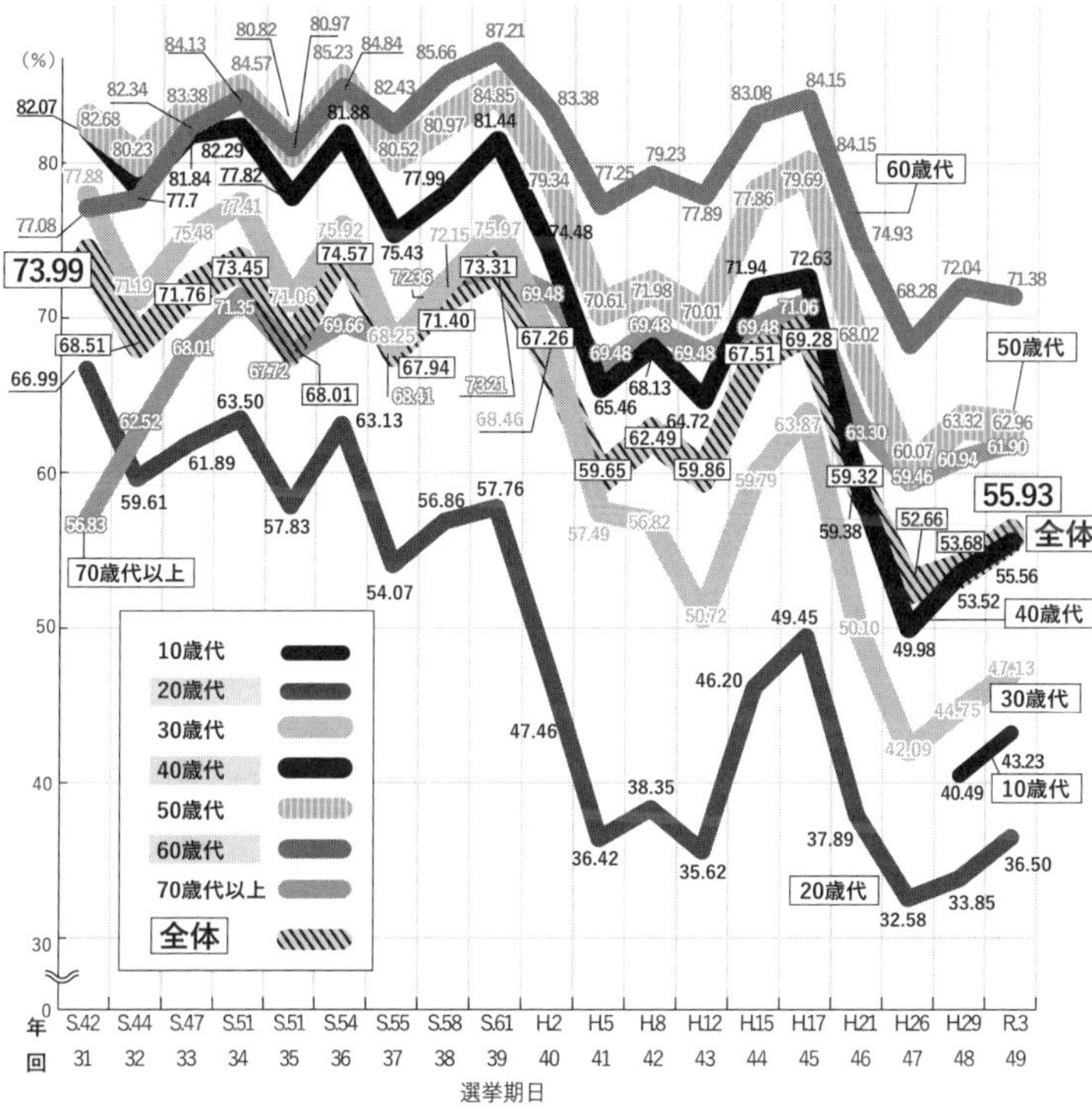

出所：総務省「国政選挙の年代別投票率の推移について」
https://www.soumu.go.jp/senkyo/senkyo_s/news/sonota/nendaibetu/

歳代の人たちです。三〇歳代の人たちは、一九六七年に七七・八％も投票に行っていましたが、二〇二一年には四七・一％にまで落ちています。四〇歳代は同じ期間で八二・一％から五五・六％に落ち込んでいます。若い世代ほど投票所に行かなくなっています。おそらく若い世代にとって、未来はあまり希望が持てない社会になっているのではないでしょうか。未来のない社会に子どもが生まれないことと深く結びついていると私には思えます。

もし、できたら若者だけの議会を作れないでしょうか。CO_2など温室効果ガス排出による地球温暖化（気候変動）の被害をもっとも受けるのは若い世代です。高齢者世代は深刻な被害を受ける時には死んでしまう可能性があるために、若い世代と比べて地球温暖化問題に必死に取り組む姿勢に欠けているのかもしれません。

少子高齢化の影響をもっとも受けるのも若い世代です。若い世代は結婚できず、子どもも持てないために、社会保障制度や基盤産業の持続可能性が失われてしまう影響を最も受けてしまいます。地球温暖化問題と少子高齢化問題だけでも若者が意見を表出できる「未来世代議会」を設置し、一定金額の予算を確保して施策を決めることができたらいいのに、あるいは内閣と対等の立場で交渉する機会があったら、もっと希望ももてるのに、と私は思います。

◇経済成長は悪いことですか

一定の進歩派の人たちの間で、地球環境を守るために、「脱成長」という考え方が広がっています。様々な議論があります。まず、最近のマルクス経済学者の中から、このまま経済成長をしていけば、気候変動のように地球環境の破壊をもたらすという「脱成長」論が出ています。あるいは、もはや産業のフロンティアが失われており、無理な経済成長をしようとして、財政赤字を拡大し、金融緩和を続けると取り返しのつかない財政赤字という歪みをもたらすという「脱成長」論もあります。たしかに赤字国債依存のバラマキや減税は円安インフレをもたらすだけで、産業衰退が止まらないので、そうした主張もわからないわけではありません。

こうした考えは当たり前に聞こえますが、残念ながら、きわめて非現実的です。「脱成長」論は、結局何もしないでよいという議論に他なりません。経済成長は保守政党や官僚たちに任せておけばよく、革新政党は所得の再分配だけをすればよいという高度成長期以来の発想から一歩も抜け出られなくなっています。そして現実には、「脱成長」ではCO_2は削減できません。実際に、CO_2が減ったのはリーマンショックの時です。「脱成長」論が現実化するのは多くの人に失業と貧困をもたらすだけです。実際に、貧しさをともに分かち合うという主張を多くの人が受け入れるとは考えられません。

それによく考えると、「脱成長」という主張は日本が高度成長した当時の残像（というより錯覚）に縛られています。現実をよく見てください。日本経済の現状は「脱成長」どころか、これまで述べたように経済衰退が起きているのです。個人のライフスタイルの選択としてはともあれ、社会全体にはさらなる経済衰退を選択することはできないでしょう。

実際に起きている現実は、時代遅れになった重化学工業企業が円安誘導で莫大な利益をあげて、ひたすら内部留保（法人事業統計上の利益剰余金）をため込むだけです。そして非正規雇用化など若い世代の犠牲の上に、財政赤字と金融緩和でかろうじて日本経済をもたせるだけでした。結局、「脱成長」論はそうした現状を肯定するだけに終わります。若い世代にとっては現状をあきらめるという主張になるか、人口が減少するもとで若い世代が負担を負いながら、同時に高齢世代は年金や医療などを切り詰めていくことになりかねません。現に、政府・厚労省は、こうした事態を見て、世代間対立を煽って社会保障制度を削減することを正当化しています。

経済衰退が起きていると、次にチャレンジする機会はないと考えがちになります。これに対して、経済成長がある時代には、楽天的になっていろいろなチャレンジができます。たとえ失敗しても再就職できるチャンスもあります。若い世代にとって、未来の先端産業を作るチャレンジは絶好のチャンスでもあります。人々が経済成長を求めるのはある意味で自然です。問題はどういう成長のあり方を求めるかにあります。

いま政府は、脱炭素を目指すGX（グリーン・トランスフォーメーション）と情報通信技術を普及させるDX（デジタル・トランスフォーメーション）を成長戦略の軸として打ち出しています。しかし、これから明らかにするように、実際に、現在の政府の成長戦略は若い世代に希望を失わせるものです。

◇エネルギー転換が必要です

インフレから生活を防衛するという短期的な目標にとっても、未来の産業を生み出すという中長期的な目標にとっても、地球環境問題を解決するもっとも重要な分野の一つはエネルギー政策です。政府のGX（グリーン・トランスフォーメーション）は原発の活用を積極的に打ち出していますが、本来は、再生可能エネルギーと蓄電池、そしてIoT（情報通信技術）によるスマートグリッド（IoTに基づいたスマートメーターによって電力供給と電力需要を調整し制御する仕組み）によって、エネルギーを転換すること、それによってジョブ（職）を作ることが大事になります。

原発が危険であることは二〇一一年三月一一日の福島第一原発事故が明らかにしました。とところが、原子力ムラ（原発の利益に群がる官庁や企業や学者の集団）の既得権にしがみつく力が異常に強く、またしても懲りずに「安全神話」を振りまいて原発の再稼働を次々ともくろんでいます。しかし、地震大国の日本では同じ重大事故はいつでも起こりえます。二〇二四年正月に起きた能登地震によって、珠洲市《すずし》で地面が二メートルも隆起しました。そこはかつて原発立地予定土地でした。もし、それが実現していたら、日本は深刻な被害を受けていたかもしれません。

震源地に近い志賀原発《しかげんぱつ》でも、配管が壊れて主電力の一つが壊れ、冷却用のオイルが二万リットルも漏れました。周辺の道路は割れ、多くの家屋が倒壊しており、もし原発事故が起きていたら避難できないことが明らかになりました。志賀原発が運転停止中だったことは不幸中の幸いでした。しかし原子力担当部局も原子力規制委員会も北陸電力も情報を隠し、事態の深刻さを正面から検討しようとしていません。本当に懲りない人たちです。

そして原発はよく「トイレのないマンション」と言われるように、使用済み核燃料という処分に何万年もかかるゴミを出します。たしかに青森県六ヶ所村に使用済み核燃料の処理工場はあります。しかし、一九九三年に建設が始まりましたが、一度として本格的に動いた試しはありません。原子力ムラは数兆円という税金を食い散らかしながら、未来の世代へのツケをつけ回して、死んでいくのです。無責任極まりない連中です。

図23は、福島第一原発事故後、脱原発を選択したドイツのエネルギー転換の動きを示して

います。石炭火力発電と原発の比重が急速に落ちている一方で、太陽光発電や風力発電やバイオマス発電（木材チップや畜産糞尿を原材料とした発電）が急速に伸びていることがわかります。そして、二〇二三年四月一五日原発すべてが停止しました。

さらに、図24（次頁）は主要国の自然エネルギーの割合を示していますが、欧州諸国と比べて、日本における自然エネルギーの普及がいかに遅れているかがわかります。

世界の国々の方が、まじめに日本の原発事故の問題を受け止めています。福島第一原発事故以来、

図 23　2022 年ドイツ国内の電源別発電量と割合

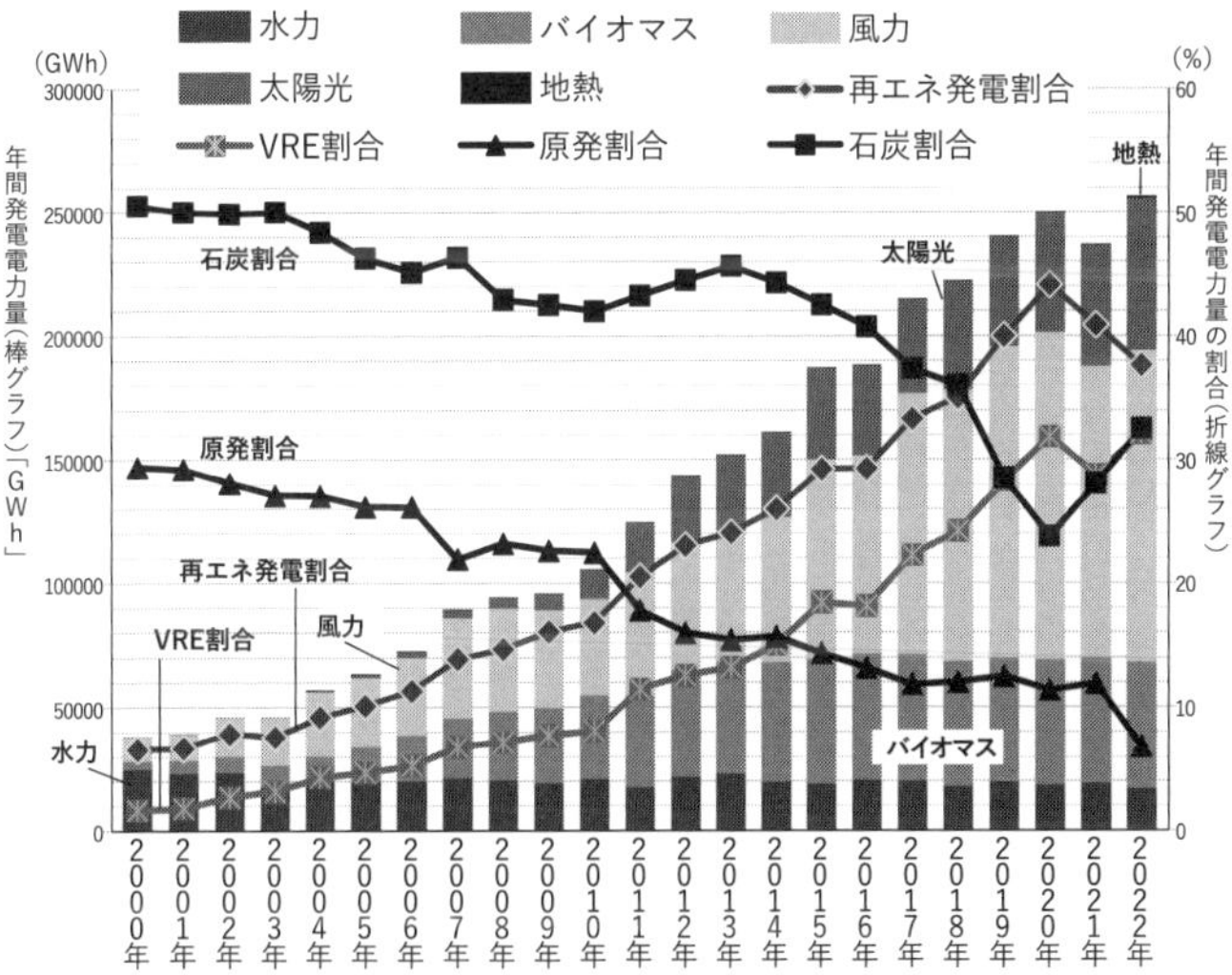

出所：環境エネルギー政策研究所「2022 年の自然エネルギー電力の割合」
https://www.isep.or.jp/archives/library/14364

安全基準の高まりで原発の建設コストは非常に高くなりました。欧州では、メルトダウン（核燃料棒が炉心融解）した場合に溶け落ちる核燃料棒を受け止めて閉じ込めて冷却し、原子炉格納容器から流出しないようにするコアキャッチャーという設備が必須になり、格納容器も二重にするなどしたからです。その一方で、この一〇年間で太陽光電池のコストは一〇分の一、風力発電のコストは五分の一になっています。その結果、原発はコストが非常に高いエネルギーになったのです。

図 24　発電電力量に占める自然エネルギー等の割合の比較
(2022 年)

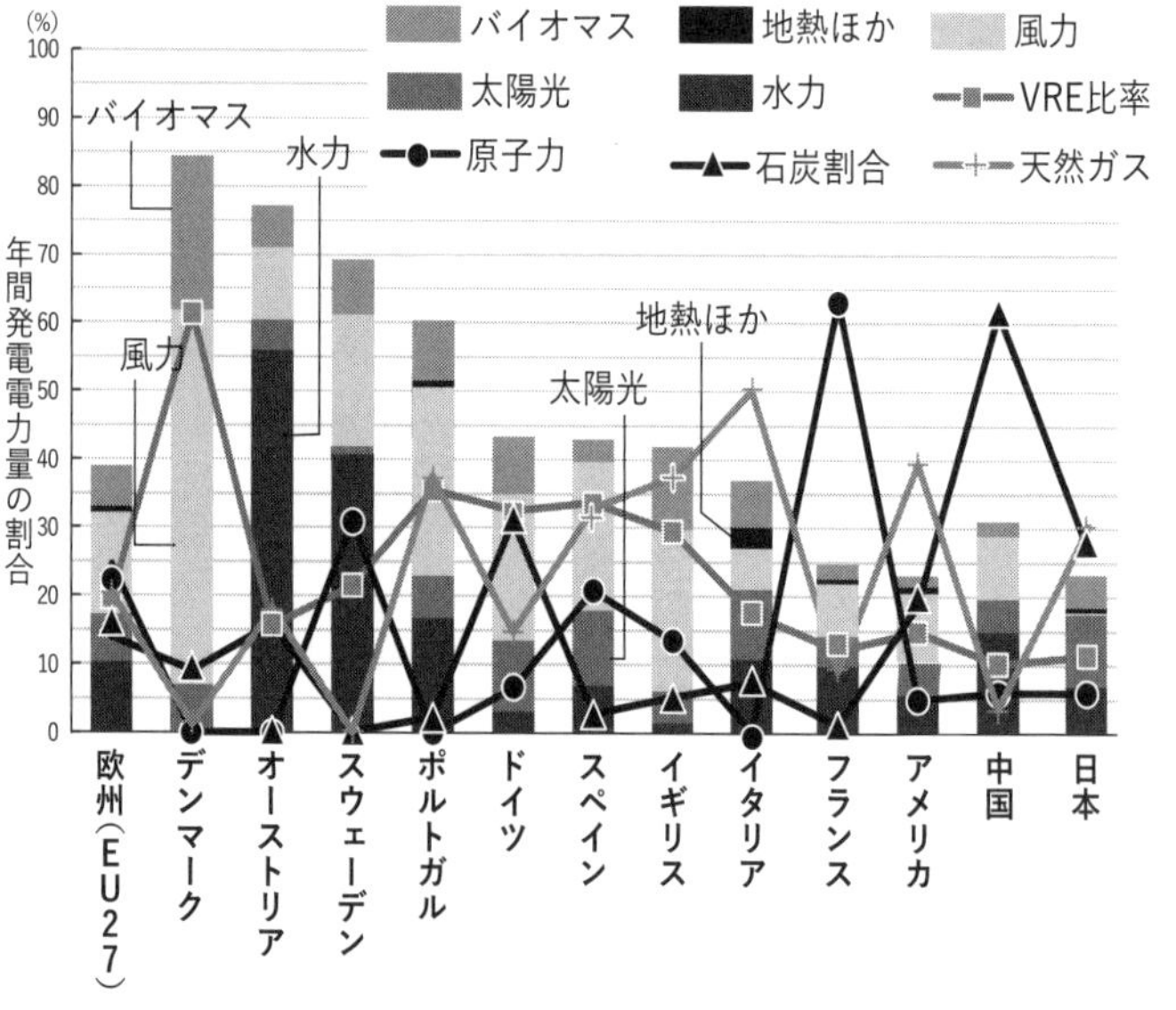

出所 : 環境エネルギー政策研究所「2022 年の自然エネルギー電力の割合」
https://www.isep.or.jp/archives/library/14364

◇独占的な企業が暴利をむさぼる

ロシアのウクライナ侵略が起きてから石油やガスの値段が上昇しています。政治献金をもらっている自民党政権と天下りをしている担当官庁（経産省）は、市場で独占的地位を持つ石油元売り会社や大手電力会社に対して、物価対策を名目にして多額の補助金を出しています。通常、世界的にはエネルギー価格を引き下げる政策手段は燃料税の一時的引き下げですので、常識に反しています。

実際に、石油元売り企業は合併して三社の寡占《かせん》体制になっており、エネルギー補助金のおかげで未曾有の利益をあげています。国際的に行われているエネルギー価格の抑制政策にするならば、一時的にトリガー条項（ガソリン価格が継続的に高騰する場合は、特則税率の適用を停止する条項）を発動すべきでしょう。しかし、石油元売り企業は三社の寡占状態ですから、トリガー条項を発動しても二五円引き下げるかどうかを監視する必要があります。また再び在庫評価益を含めて利益があまりに膨張する場合には、超過利潤課税を背後に消費者に還元すべきでしょう。

しかし、これまで燃料税を引き上げたのは、本来CO_2削減のための環境税という考え方に基づいていました。もしトリガー条項を発動するならば、同時にCO_2削減のために再生可能エネルギーの新電力を促進する政策をとらなければなりません。これまで民主党政権の下で、福島第一原発事故を契機に、発電会社と送配電会社を分離する発送電分離改革を決めました。送電網を社会の共有基盤としつつ発電を自由化する政策です。そして再生可能エネルギーを促進するために、再生可能エネルギー（再エネ）の固定価格買取制度（フィード・イン・タリフ）を導入しました。一定期間（およそ二〇年間）、一定の買取価格を保証することで、利益を保証して再エネを急速に普及させ、再エネのコストを急速に下げるためです。

ところが、太陽光パネルの価格の低下が激しいのに、認可時点で買い取り価格を設定したので、ぎりぎり着工を待って太陽光パネルの価格低下分を儲けようという投機的な動きをとる悪質な業者が出ました。他方で、もっと大きな問題は、大手電力会社が地域独占を守るために発送電分離の骨抜きを狙ってさまざまな手段をとってきたことです。二〇二三年三月末、公正取引委員会は、大手電力会社が地域独占を守るために、カルテル（複数の企業が協定を結んで独占的に価格をつり上げる行為）を行ったとして一〇〇〇億円の課徴金を課しました。お互いに他地域の顧客企業を奪い合わないようにカルテルを結んでいたためです。

それだけではありません。発送電分離改革の結果生まれた新電力会社（新電力）に対して、官民一体になってさまざまな妨害行為を行うようになりました。再エネの新電力には、送電網への接続を拒否したり、法外な接続負担を強制したりしています。本来、東京電力が負うべき福島第一原発の事故処理費用の一部を託送料金に乗せて新電力にも負担させました。また電力の安定供給を図るという名目で「容量市場」なるものを作り、既存の大手電力会社の原発や火力発電の費用を新電力にも負担させようとしています。容量市場に参加しない新電力には、電力が不足した時に非常に高いスポット価格（日本卸電力取引所ＪＥＰＸにおいて翌日電力に関して発電事業者と小売業者の間の入札で成立する取引価格）で電力を買わせるようにしています。さらにひどいことに、本来分離したはずの送電会社が新電力顧客情報を同じグループの発電会社に流して、新電力から顧客をはがすように動いています。

大手電力会社に対して、こうした新電力潰しの行為を止めさせるべきです。そして発電会社と送電会社を完全に別会社にするべく所有権を分離すべきです。現在の発送電分離は法的分離にとどまっており、東京電力は持ち株会社の下に発電会社と送電会社を置きました。関西電力は発電・小売り会社を親会社として送電会社を子会社化しました。つまり、グループ会社としての一体性が維持されたのです。これでは自社の発電会社を優遇して、本来の発送電分離の目的は達成できません。

再生可能エネルギーと蓄電池そしてＩｏＴ（情報通信技術）によって送電網をコントロールするスマートグリッドの普及を進め、経済システムを地方分散ネットワーク型に転換し、投資主導で日本経済を再建していくのです。それが基盤となって、地域の農業や食品工業、あるいは地域の医療・介護システムを作り出し、地域の衰退を反転させていくのです。

第二章で述べたように、新型コロナウイルスの世界的流行とロシアによるウクライナ侵略によって化石燃料と穀物価格が高騰し、同時に日本の産業衰退によって、大幅な円安が進むなかで、輸出額が伸びず輸入額が増大して貿易赤字が膨張しています。地域分散型のエネルギー自給とともに、農業の再生によって食料を自給し輸入を減らさなければなりません。農業振興のために国際ルールに従った直接支払い制度で農家所得を補うことが必要です。そのうえにドイツやデンマークのように、農家はエネルギー兼業で所得を補い、同時に地元農業に基づく食品加工業を作り出さなければなりません。それは地域の人口減少を食い止める道でもあります。

◇情報通信技術の遅れを取り戻す

地域分散ネットワーク型経済を作るには情報通信技術の遅れを取り戻さないといけません。世界はGAFAM（グーグル、アマゾン、メタ（旧フェイスブック）、アップル、マイクロソフト）というビッグテックが、生成AI（人工知能）とクラウドと半導体の進化（CPUから映像を扱うGPUへ進む）を軸にして、その支配力を強めています。これまでは、自らのサーバー（コンピュータやソフトの要求に応じてデータやデータ処理を行うシステム）やストレージ（データ記憶装置や記憶領域）を持ち、ユーザー自身がソフトウェアを入れて運用管理を行うという「オンプレミス」型という仕組みが主流でした。日本のＩＴ企業は、病院や銀行や交通システムで自社で閉じたシステムを作り上げて儲《もう》けてきました。ところが、いまや自らハードウェアを購入してソフトウェアをインストールせずとも、インターネットを通じて自由にサービスを利用できるようにする「クラウド」が主流になっています。しかし、クラウドの分野ではアメリカ企業が圧倒的に支配的で、それに対抗できるのは中国企業くらいです。岸田政権は日本市場におけるクラウドや生成ＡＩなどの分野ではマイクロソフトなどアメリカ企業のやりたい放題に任せようとしており、日本のデジタル赤字は深刻なくらい拡大しようとしています。

その一方で、ＩＴゼネコンといわれる日本のＩＴ企業は、銀行でも病院でも旧来のオンプレミス型のシステムでやってきており、いまや新たな動きにまったくついていけなくなっています。そのために、マイナンバーカードで救済を図ろうとしています。本来ならクラウドでスマートフォンを使い、徐々に普及を図る方式をとればよいのですが、カードという旧来型で無駄で非効率な方式を選んでおり、しかも欠陥だらけで利便性も失われています。

台湾のＩＴ大臣のオードリー・タンと違って、日本はデジタル庁という新たな縦割り官庁を作り、先端技術について無知な大臣が「強権」を発動し、Ｊ－ＬＩＳ（地方公共団体情報システム機構）という利権集団が自民党に政治献金を行い、この救済事業で膨大な税金を無駄遣いしながら生き残ろうとしています。J―LISに群がるITゼネコンは、これまで「オンプレミス」で構築してきた恐竜のようなシステムをつぎはぎしてきたために、いまや病院でも銀行でも、システムエラーを時々発生させています。マイナンバーカードでも、そのつぎはぎを全国化させたために、その欠陥を一気に表面化させています。マイナポイントで国民をつろうとしたり、保険証を廃止したりして、欠陥カードを強制的に使わせようとしています。政府自身が二〇二六年に新しいカードに切り替えなければいけないと言っている時点で、もはや基本設計から間違っていると言わざるをえません。

紙の保険証の廃止を止め、J―LISを解体し、新たなクラウドをベースとした企業の参画を図るべきです。そのうえで無理な多数の紐付けを止め、クラウドをベースにして情報の分散管理に努めながら、独自のOS（オペレーション・システム）で一つ一つ丁寧なシステムを作ってスマートフォンに組み入れていくことが当然です。そのうえで、認知症の人や高齢者や子どもなどには、それに対応した仕組みを作り、多くの人々には徐々にスマートフォンへの移行を進めていくべきでしょう。

それでは、真の医療DXでは何をなすべきなのでしょうか。それは、個人情報保護を保証したうえで、地域単位で中核病院、診療所、高齢者施設、在宅医療看護介護、薬局でネットワークを組み、訪問看護（保健師や看護師）による在宅医療・在宅介護を組み入れて、地域全体の医療介護をつなげていく仕組みを作ることで、安心とともに医療の効率化を図ることです。さらにブロードバンドをもうけて検査測定を自己管理できるデバイスを作っていくことも必要です。もちろん、医薬品や医療技術の開発のために、国立がんセンターを頂点とした医療情報を集約し、個人情報を徹底的に保護しつつ活用できるようにすることも必要でしょう。

一部の政治献金で結びついて、技術的に遅れた企業を救済するだけの、いまの政府のGXとDXをできるだけ早く止めさせ、未来の世代のためにも先端技術分野の遅れを取り戻さなければならないのです。

◇貧しいことは悪いことでしょうか

若い人たちだけでなく、すべての国民にとって放置しておけない重要な問題があります。それは貧富の格差がしだいに深刻になっていることです。

高校生のみなさんには、「貧しい人は怠け者だから貧しいのか」という当たり前の問いかけを改めて発したいと思います。「自己責任」という言葉があります。たしかに、怠けて貧しくなった人もいることは確かです。けれど、大学に勤めた私の狭い経験でも、学生の就職が良かった年もあれば、悪かった年もありました。どう見ても、就職事情がひどく悪く、本人のせいとは考えられない理由で、正社員として就職できなかったケースもあります。

とくにひどかったのは、前にも述べたように、一九九〇年代にバブルが崩壊して、銀行の経営者が責任をとらずに不良債権を隠してその処理を怠り、北海道拓殖銀行や山一證券や三洋証券などが次々に破綻した一九九七年の金融危機の時でした。金融危機のあと、就職状況は急激に悪化しました。加えて労働者派遣法が「改正」され、非正規雇用が広げられました。そのために、大量の若者が正規雇用（正社員）になれませんでした。日本では大学や高校を卒業すると同時に雇われる新卒一括採用の慣行が当たり前でしたから、彼らはその後、非常に苦労しました。そのために彼らはロストジェネレーション(失われた世代)と呼ばれるようになりました。政府や経営者の失敗によって、ゆえなく貧しくなる典型的なケースです。

問題の扱いが難しいのは、一九八〇年代以降のバブルとバブル崩壊を繰り返す経済になると、当面就職がよくなるバブル経済が崩壊すれば、急に雇用を失う深刻な事態を生み出すことがあることです。まるで爆弾ゲームのようです。とても「自己責任」では説明がつかない事態です。

◇政策が格差や貧困を作る

さらに安倍政権以降、政府や経営者の政策のせいで、いつの間にか貧しくなる事例もたくさん生じています。たとえば、第二章で説明したように、アベノミクスは「二年で二%の物価目標」が達成できないまま一〇年も続けてしまったために、円安インフレが激しくなったにもかかわらず、抜け出せなくなってしまいました。大企業が未曾有の利益をあげながら、中小企業や農業者や非正規雇用者の生活は苦しいままです。

税金や予算の使い方も公正とは言えませんでした。たとえば、五%から八%、そして一〇%へと消費税の税率を引き上げましたが、本来、その税収は社会保障費にあてられるはずでした。ところが、消費税増税分は基礎年金の三分の一を補填するのにあてられ

図25　法人税率の推移

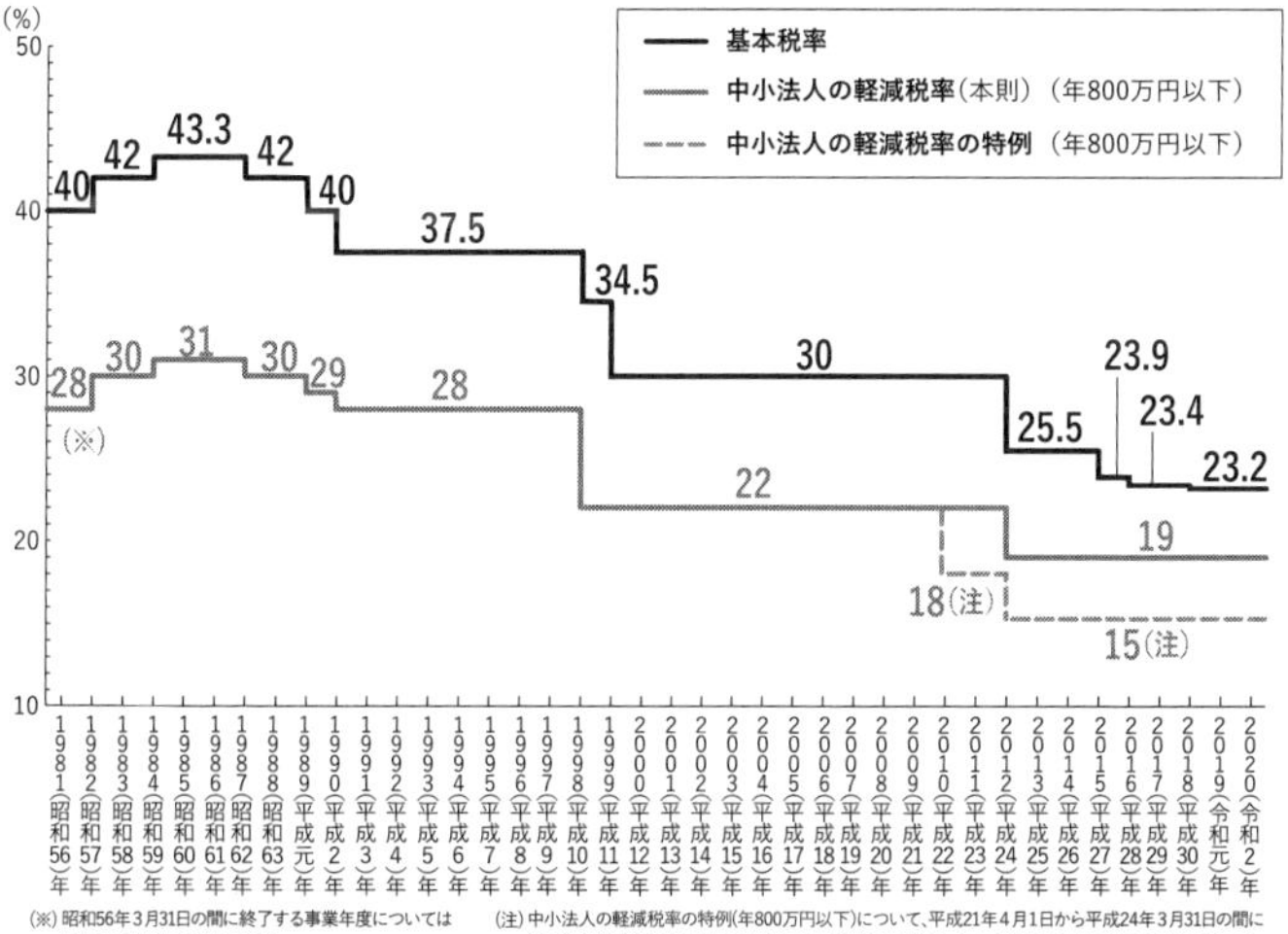

(※) 昭和56年3月31日の間に終了する事業年度については年700万円以下の所得に適用。

(注) 中小法人の軽減税率の特例(年800万円以下)について、平成21年4月1日から平成24年3月31日の間に終了する各事業年度は18%、平成24年4月1日前に開始し、かつ、同日以後に終了する事業年度については経過措置として18%、平成24年4月1日から令和7年3月31日の間に開始する各事業年度は15%。

出所：財務省「法人課税に関する基本的な資料」
https://www.mof.go.jp/tax_policy/summary/corporation/c01.htm

たものの、安倍政権は消費税増税分を法人税減税に流用してしまいました。多額の政治献金をしている経団連企業は、図25（前頁）が示すように、度重なる法人税減税を要求して、利益を享受していました。

経団連企業が消費税の増税分を横取りしてしまった結果、格差と貧困が広がるなかでも、社会保障支出は削減を余儀なくされました。とくに教育、住宅、医療などベーシックサービスの拡充や負担軽減策にあてれば、もっと日本社会は良くなっていたでしょう。教育、住宅、医療などの現物サービスの拡充は、たとえ人々の間に賃金格差があったとしても、生活の格差を是正する効果が大きいからです。また、こうした対人社会サービスはそれ自体雇用や消費を拡大する効果も大きいのです。

ところが、防衛費倍増政策の結果、軍事費は世界三位になろうとしていますが、図21（第五章、137頁）で見たように、教育費の公的負担率（対ＧＤＰ比）はＯＥＣＤ四六ヵ国中下から七位（二〇二一年）になっています。国民がどんどん貧しくなるのに軍事大国になっていくのは、国のあり方としては果たして良いことと言えるでしょうか。

第五章で述べたように、これでは高校から大学まで教育費が重くて、子どもを作ることはできません。教育費の公的支出を増やすことが大事です。さらに、人口減少社会になったため、女性を本格的な働き手として扱わないかぎり、日本経済は成り立たなくなっています。そのためには女性の正社員化を基本として、教育費負担を軽減して子どもを作れる環境を整備することが不可欠です。

それは高等教育も例外ではありません。二〇〇四年の国立大学の独立行政法人化とともに大学運営交付金の年一％の削減を一〇年間も続けたので、学費が引き上げられてきただけでなく、旧国立大学は新規雇用や研究を進められない状況に陥っています。しかし、教育研究費の公的負担を増やすだけでは不十分です。さらに大学の自治が破壊される一方で、「競争的資金」と称して文科省が研究資金の配分権限を強めているからです。

実際、二〇一五年の学校教育法改正で、学長の権限を大きくさせて重要決定をする権限を持ち、大学自治の主体であった教授会の権限を剥奪しました。さらに二〇二三年の国立大学法人法改正では、学外有識者を含む三人以上の委員と学長で構成する運営方針会議を設置し、中期計画や予算・決算などを決め、学長の選考や解任に意見できるようになりました。委員は文部科学大臣の承認を得て学長が任命するので、文科省の介入が飛躍的に強まります。

いまや日本は、愚かな政治家や経営者や官僚たちが科学技術を滅ぼす典型的な事例になっています。裏金議員や彼らに忖度する官僚たち、そして世界的に見て失敗した経営者たちが大学に介入しても、うまくいくはずがありません。大学の自治が破壊され、自由な研究の環境が失われていけば、ますます研究教育の水準が落ちていかざるをえないでしょう。国際競争力を強めるには、大学の自治を取り戻し、自由で活力のある研究教育環境を確保したうえで、大学ファンドの見直しを行い、研究費配分の公正化を図っていかなければなりません。

◇この国に正義はあるのか

これまで日本経済を建て直すために、どういう経済政策をとるべきなのかについて書いてきました。それでも、若い人自身がどう生きるのかという生き方の問題は解決しません。その際、何より、この国の政治家のリーダーの劣化は目を覆うばかりです。一国の首相が法律違反をし、国会で虚偽答弁を繰り返す事態が起きているからです。これでは、若い人たちが大人たちの社会を手本にして生きていくことができません。このままでは、権力者たちがやっている不正や腐敗を真似して生きていくか、あるいはそうした不正や腐敗を見て見ぬふりをし、忖度して生きていかなければなりません。このどちらかを選ばなければならないとしたら、若い人たちはとても楽しい人生を歩んでいけそうにありません。実は公文書や統計も平気で改ざんする役所で若い官僚がどんどん官庁を辞めたり、政治家に忖度してニュースを歪めていく放送局の現場を経験して、若い記者が辞めたりしています。どう見ても、やりがいのある人生にはなりそうにないからです。

安倍元首相の時代には、森友学園への国有地払い下げ問題、国家戦略特区における加計学園の獣医学部認可問題、あるいは税金で開いた「桜を見る会」に首相の後援会を招き、公選法違反が疑われる前夜の夕食会の領収書問題を引き起こすなど、一国の首相自らが権限を悪用した不正行為を疑われる事態が発生しました。ところが、安倍首相は「桜を見る会」だけで国会において一一八回も虚偽答弁を繰り返し、二〇一七年二月一七日に安倍首相が森友学園国有地払い下げ問題に「私や妻が関係していたら総理大臣も国会議員も辞める」と答弁したことを正当化するために、財務省が公文書を改ざんしました。

そしてテレビ放送局は、首相を追及する野党に対して「まだそんなことをやっているのか」「もっと大切な仕事があるだろう」と繰り返して批判し、忖度報道を繰り返してきました。おそらく、これらに記者らが逆らったら、クビになるか、クビにならないまでも干されるのでしょう。正義感があっても、個人で抵抗するには限界があります。しかも選挙ではみながあきらめて投票率が落ちて、不正行為を行った自民党が「みそぎ選挙」で勝ってしまえば、問題が終わったとして、「犯罪」がまかり通ってしまいます。

そして、こうした事態は、約一〇億円という巨額の「裏金キックバック」を九五人の自民党議員で分け合うという戦後最悪の組織犯罪を発生させました。もともと企業献金を禁止するために政党交付金が設けられ、自民党は約一六〇億円も受け取っていたにもかかわらず、経団連企業などからの企業献金を復活させて二六億円を受け取りました。そのうえ派閥がパーティー券をキックバックして、本来禁止されている政治家個人が企業献金を受け取る仕組みを作ったのです。本来なら検察が裏金の使い道を含めてしっかり調査して政治資金規正法を問うべきでしたが、四〇〇〇万円という勝手な基準を作って多くの違法行為を行った政治家を免罪してきました。派閥のトップは訴追せず、会計責任者を起訴しただけで幕引きを図りました。国税庁も政治家に忖度して脱税を見逃していきました。国会も第三者委員会の調査も証人喚問もなく、偽証罪を問われないことをいいことに、政治倫理審査会では「知らない」を連発しただけで終わり、実態解明もないまま自民党内部の甘い処分で幕を引こうとしています。

いまの日本は、縁故資本主義あるいは仲間内資本主義（クローニーキャピタリズム）になっています。権力者の縁故と仲間内だけがうまい汁を吸う世界になれば、公正なルールも競争もなくなっていき、産業も経済もどんどん腐っていくのは当然です。

こうしたなかで、高校生の君たちはまだ言われたことがないと思いますが、社会で働いている人たちの間では、安っぽい正義感を捨てて「大人になれ」とよく言われます。しかし、こんな説教を聞いて、君たちは未来が楽しい社会になることを想像できるでしょうか。お金を目的に不正行為を働いても不問に付されてしまう社会は、どう見ても希望を持って生きていける世界ではありません。

◇お金儲けは悪いことでしょうか

多くの人は生きていくために働いてお金を得なければなりません。人はお金を儲けないと、生活できないので、会社や役所などに雇われたり、自ら商売をしたりして報酬を得なければなりません。しかし、持続可能で長続きする生き方は、やはり何らかのかたちで他の人たちの役に立ちながら、そのことで報酬を得て生活を成り立たせていくことではないでしょうか。どんな人も、直接か間接かを問わず、何らかのかたちで社会に役立ちながら自分も生活できるように生きています。

そんなことはきれいごとにすぎないと言う人もいるでしょう。何はともあれ、お金がないと生きていけません。教育や医療が手に入らないと、ますます不利な立場になります。一方、お金があればいろんなものが手に入るので、お金はたくさんあるほどいいと考え、できるだけ多くのお金を得たいと思う人がたくさんいます。もちろん、そのこと自体が悪いわけではありませんが、「守銭奴《しゅせんど》」という言い方があるように、他人のことを考えずに、あるいは他人を犠牲にしてまでも自分の利益を追求することには、人々は顔をしかめたりします。社会全体の利益を壊してしまっては、商売や職業は続かなくなるからです。

先の裏金議員たちに対して、多くの人々が嫌悪を感じるのは、税金を支払っている国民をあざむき、不正な手段でお金を儲けていき、自分だけが利益を得ながら権力を振るおうとしているからです。しかも法律を作る立場の人間が、政治資金規正法に違反し、脱税行為で所得税法違反を犯している可能性がきわめて濃いにもかかわらず、国会議員だからと検察も国税庁も見逃しています。その結果、法律を犯した一〇〇人近い政治家が、法律を決め、国民の税金でできている予算案を決め、憲法さえ変えようというのです。もはや民主主義国家とは言えないでしょう。

しかし、厄介なことに、人は社会全体の利益を壊すことがわからないまま、あるいは他人を傷つけることを自覚できないまま、自分の利益追求に夢中になってしまうことがあります。それがバブルです。これではバブルが崩壊する時に、かえって経済を根底から壊してしまいます。そして社会の公共的精神をじわじわと壊してしまいます。

◇正義を取り戻すためにやるべきこと

とはいえ、正義のない社会はやがて腐って衰退を免れません。逆に衰退している社会は正義さえ失って腐っていく可能性が高いのです。だからこそ、公正なルールを再建することを最優先しなければなりません。

戦後最悪の「裏金キックバック疑獄」を解明するためには、たとえ首相であろうが大臣であろうが、不正腐敗を行った政治家には選挙を通して排除するために全力を尽くさないといけません。落選運動をする必要があります。そのうえで、公正なルールを再建するためには、国会で弁護士、会計士、税理士、国税専門官などを含む第三者委員会を設置して、国政調査権（衆参両院の委員会を通じて公使する証人尋問や証拠を提出させる権限）を使って使い道を含めて裏金の実態を解明し、必要な場合には証人喚問を行うべきです。そのうえで、政治資金規正法を改正し、会計責任者が有罪になれば政治家も連座制を適用して罪を問い、企業団体献金を禁止し、個人献金の公開金額基準を下げ、政策活動費の廃止、少なくとも情報公開を実施する必要があります。

同時に、森友学園の国有地払い下げ問題に関して、近畿財務局の職員赤木俊夫さんの自死を招いた公文書改ざんを公開すべきです。また国政調査権を用いて加計学園問題や桜を見る会を再調査し、一〇〇億円の詐欺を行ったペジーコンピューティング社に対して未返済補助金を返還させるべきです。次に学術会議六候補の任命拒否の過程も公開しなければなりません。そのうえで、教育と科学技術を再建するために、学校教育法や国立大学法人法の改悪を廃止し、大学の自治を取り戻さなければなりません。

さらに、憲法83条の「国の財政を処理する権限は、国会の議決に基いて、これを行使しなければならない」という規定に基づいて、国会のチェックが効かない予備費や基金を整理しなければなりません。「新しい戦前」を防ぐために、防衛費倍増と防衛三文書を見直して国会に差し戻し、きちんとした論議を行い、防衛費についても聖域なき見直しを行うべきです。

そして最後に、安倍政権が行った民主主義的諸制度の破壊を正さないといけません。日銀総裁、内閣法制局長官、NHK会長などの政治的中立を尊重し、信頼を回復させることが大事です。内閣人事局の政治任用の適用人数を制限する一方で、官僚の天下りを基本的に禁止しなければなりません。放送法の解釈変更の見直し、言論の自由を保障すべきです。三代目以降の世襲議員の同じ選挙区での立候補を禁止し、一定期間（たとえば一〇年間）という経過措置を講じたうえで、二代目以降の世襲議員にも同じ選挙区での立候補を禁止します。

自由と民主主義はいったん失われると、その回復のためにとてつもないエネルギーと時間を必要とします。それが遅れれば遅れるほど、未来を創る世代への被害は大きくなるばかりです。未来の世代に自由と民主主義をつなげることが人間らしく生きていくうえで必須であるならば、そのために全力をあげて努力することが、今生きている私たちに課された責務ではないでしょうか。

あとがき

選挙の投票率がどんどん低下しています。政治や経済が悪くなればなるほど、とくに若い人たちの投票率がひどく落ちています。それがさらに政治や経済を悪くしていきます。みなあきらめてしまったかのように見えます。そうこうしているうちに、政治資金規正法に違反し、所得税法に違反する九五名の裏金議員が生まれ、その実態も解明されないまま自民党の内輪の甘い「処分」で幕引きされようとしています。一〇〇名近い法律に違反した国会議員たちが法律を決め、予算を決め、憲法まで変えようとしています。この国は、もはや民主主義国家とは言えません。

さすがに、このままでよいのかと思う人たちも生まれてきています。そういう人たちに早く気づいてほしいと思うのは、このままでは経済の衰退が止まらないという厳然たる現実です。これから長い人生を歩まなければいけない若い人たちこそが、その最大の被害者です。私は、こんな経済や社会を残していってはいけない、そして何とかしなければいけないという気持ちを強く抱くようになっています。この本を手に取って少しでも読んでくれたらと願っています。

この本は、プライベートですが、政治学者の山口二郎さんが若い人の議会を作ったらどうかという話をされたのをきっかけにして始まっています。第六章の冒頭の提案です。ちょうどそういうことを考えていた時に、かもがわ出版の三井隆典さんから「13歳から」シリーズを書いてくれないかというご注文をいただきました。友人の児玉龍彦さんからは、子どもたちにわかるように書くことは、本質的なことをわかりやすく書かなければいけないから、良い機会になると勧められました。最初は中学生を念頭に書き始めましたが、やはり中学生を教えたことがなく、非常に難しいと感じました。

そこで過去、三度ほどですが、高校生向けに講演をした経験を思い出しました。そして実際に高校生たちを思い浮かべながら書いてみました。できるだけテクニカルターム（専門用語）を少なくしようとしました。やむをえず使う場合にはカッコで簡単な用語解説を入れました。もし、いつもより読みやすくなっていたとしたら、編集を担当していただいた三井さんのおかげです。また友人の武本俊彦さんには原稿に目を通していただきました。最後にこれらの方々に謝意を表して筆を置きたいと思います。

二〇二四年四月

金子　勝

金子　勝（かねこ・まさる）

＜略歴＞

昭和27年　東京都生まれ
昭和50年　東京大学　経済学部卒業
昭和55年　東京大学大学院経済学研究科応用経済学専攻博士課程単位取得修了
昭和55年　東京大学社会科学研究所助手
昭和59年　茨城大学人文学部専任講師
昭和60年　同上　助教授
昭和61年　法政大学経済学部助教授
平成元年　同上　教授
平成12年　慶応義塾大学経済学部教授
平成30年　立教大学経済学研究科特任教授　慶応義塾大学名誉教授
令和5年　淑徳大学大学院客員教授

<単著>

1.『市場と制度の政治経済学』東京大学出版会、1997年
2.『反経済学—市場主義的リベラリズムの限界—』新書館、1999年
3.『セーフティーネットの政治経済学』ちくま新書、1999年
4.『反グローバリズム　市場改革の戦略的思考』岩波書店、1999年
5.『市場』岩波書店、1999年
6.『経済の倫理—反経済学からの問い』新書館、2000年
7.『日本再生論—〈市場〉対〈政府〉を超えて』NHKブックス、2000年
8.『月光仮面の経済学　さらば、無責任社会よ』NHK出版、2001年
9.『長期停滞』ちくま新書、2002年
10.『経済大転換—反デフレ・反バブルの政策学』ちくま新書、2003年
11.『粉飾国家』講談社現代新書、2004年
12.『2050年のわたしから－本当にリアルな日本の未来－』講談社、2005年
13.『戦後の終わり』筑摩書房、2006年
14.『金子勝の仕事道！　人生を獲得する職業人たち』岩波書店、2006年
16.『閉塞経済—金融資本主義のゆくえ』ちくま新書、2008年
17.『格差・貧困社会における市民の権利擁護』（福島大学ブックレット『21世紀の市民講座』No.4）公人の友社、2009年
18.『新・反グローバリズム－金融資本主義を超えて－』岩波現代文庫、2010年

19.『「脱原発」成長論―新しい産業革命へ』筑摩書房、2011 年
20.『原発は不良債権である』岩波ブックレット、2012 年
21.『原発は火力より高い』岩波ブックレット、2013 年
22.『資本主義の克服 「共有論」で社会を変える』集英社新書、2015 年
23.『負けない人たち　金子勝の列島経済探訪レポート』自由国民社、2016 年
24.『悩みいろいろ　人生に効く物語 50』岩波新書、2016 年
25.『平成経済―衰退の本質』岩波新書、2019 年
26.『人を救えない国　安倍・菅政権で失われた経済を取り戻す』朝日新書、2021 年
27.『政策破綻に向かう岸田「新資本主義」』立憲フォーラム・ブックレット、No.12、2022 年
28.『イギリス近代と自由主義 近代の鏡は乱反射する』筑摩書房、2023 年
29.『岸田自民で日本が瓦解する日－アメリカ、中国、欧州のはざまで閉塞する日本の活路』徳間書店、2023 年

<共著>

1. 『政崩壊を食い止める―債務管理型国家の構想―』（神野直彦氏と）岩波書店、2000 年
2. 『誰が日本経済を腐らせたか』（佐高信氏と）毎日新聞社、2001 年
3. 『見たくない思想的現実を見る』（大澤真幸氏と）岩波書店、2002 年
4. 『反ブッシュイズム　1・2』（Andrew DeWit 氏と）岩波ブックレット、2003 年
5. 『逆システム学　市場と生命のしくみを解き明かす』（児玉龍彦氏と）岩波新書、2004 年
6. 『反ブッシュイズム 3　世界は後戻りできない』（Andrew Dewit 氏と）岩波ブックレット、2004 年
7. 『メディア危機』（Andrew Dewit 氏と）NHK ブックス、2005 年
8. 『食から立て直す旅　大地発の地域再生』岩波書店、2007 年
9. 『環境エネルギー革命』（Andrew DeWit 氏と）アスペクト、2007 年
10.『世界金融危機』（Andrew DeWit 氏と）岩波書店、2008 年
11.『脱「世界同時不況」　オバマは金融危機を克服できるか』（Andrew DeWit 氏と）岩波ブックレット、2009 年
12.『民主党政権への緊急提言　日本再生の国家戦略を急げ！』（武本俊彦氏と）小学館、2010 年

13.『グローバル資本主義と日本の選択　富と貧困の拡大のなかで』（橘木俊詔、武者陵司氏と）岩波ブックレット、2010年
14.『新興衰退国ニッポン』（児玉龍彦氏と）講談社、2010年
15.『失われた30年　逆転への最後の提言』（神野直彦氏と）NHK出版新書、2012年
16.『原発ゼロノミクス　脱原発社会のグランドデザイン』（飯田哲也氏と）合同出版、2013年
17.『儲かる農業論　エネルギー兼業農家のすすめ』（武本俊彦氏と）集英社新書、2014年
18.『日本病―長期衰退のダイナミクス』（児玉龍彦氏と）岩波新書、2016年
19.『メガ・リスク時代の「日本再生」戦略　「分散革命ニューディール」という希望』（飯田哲也氏と）筑摩選書、2020年
20.『現代カタストロフ論－経済と生命の同期を解き明かす』（児玉龍彦氏と）岩波新書、2022年

<編著>

1.『現代資本主義とセイフティー・ネット－市場と非市場の関係性』（池上武彦、Andrew Dewit氏と）法政大学出版局、1996年

<共編著>

1.『地方に税源を』（神野直彦氏と）東洋経済新報社、1998年
2.『「福祉政府」への提言』（神野直彦氏と）岩波書店、1999年
3.『住民による介護・医療のセーフティーネット』（神野直彦氏と）東洋経済新報社、2002年
4.『財政赤字の力学－アメリカは日本のモデルたりうるか』（武本俊彦・Andrew Dewit氏と）税務経理協会、2005年
5.『地域切り捨て　生きていけない現実』（高端正幸氏と）岩波書店、2008年
6.『知識・技能が身につく 実践・高齢者介護 第1巻 検証！改正後の介護保険』（結城康博氏と）ぎょうせい、2008年
7.『知識・技能が身につく 実践・高齢者介護 第6巻 介護保険再改正と報酬改定の課題』（結城康博氏と）ぎょうせい、2009年
8.『福祉の経済学　改訂版』（大島通義氏と）NHK学園、2011年
9.『社会はどう壊れていて、いかに取り戻すのか』（伊東俊彦・伊多波宗周・高橋若木・竹田茂夫氏と）同友館、2014年

金子勝（かねこ・まさる）

1952年、東京都生まれ。東京大学経済学部卒業。法政大学経済学部教授、慶應義塾大学経済学部教授などを経て、現在、淑徳大学大学院客員教授、慶應義塾大学名誉教授。著書多数、多くのテレビ番組、ラジオ番組、インターネット番組に出演。

装丁　加門啓子

高校生からわかる日本経済
――なぜ日本はどんどん貧しくなるの？

2024年7月 1日　第1刷発行
2024年7月20日　第2刷発行
2024年11月 1日　第3刷発行

発行者　竹村正治
発行所　株式会社かもがわ出版
〒602-8119　京都市上京区堀川通出水西入
TEL075-432-2868　FAX075-432-2869
振替 01010-5-12436
ホームページ https://www.kamogawa.co.jp
印　刷　シナノ書籍印刷株式会社

ISBN 978-4-7803-1328-4　C0033